ROMA EXPRESS

A IV

von Katharina Börner

und Clement Utz

C.C. BUCHNERS VERLAG · BAMBERG

J. LINDAUER VERLAG · MÜNCHEN

R. OLDENBOURG VERLAG · MÜNCHEN

ROMA

Unterrichtswerk für Latein
Ausgabe A in vier Bänden
herausgegeben von Josef Lindauer und Klaus Westphalen

ROMA EXPRESS A IV wurde verfasst von
Katharina Börner und Clement Utz, Regensburg

1. Auflage 1 ⁷⁶⁵⁴ 2007 06 05 04
Die letzte Zahl bedeutet das Jahr des Druckes.

Dieses Werk folgt der reformierten Rechtschreibung und Zeichensetzung. Ausnahmen bilden Texte, bei denen künstlerische, philologische oder lizenzrechtliche Gründe einer Änderung entgegenstehen.

www.ccbuchner.de
www.oldenbourg-bsv.de

Satz und Druck: Druckerei Fruhauf, Bamberg

C. C. Buchners Verlag   ISBN 3-7661-**5649**-7
J. Lindauer Verlag   ISBN 3-87488-**650**-6
Oldenbourg Schulbuchverlag   ISBN 3-486-**19458**-5

„ES WERDEN MEHR MENSCHEN DURCH ÜBUNG TÜCHTIG ALS DURCH IHRE URSPRÜNGLICHE ANLAGE."

In den ersten drei Lernjahren hast du es zur Genüge bemerkt: Die Übung und Wiederholung der Stoffgebiete ist gerade im Lateinischen enorm wichtig. So sollst du die oben zitierte Aussage des griechischen Philosophen Demokrit als Motto für deine Arbeit verstehen.

Freilich darfst du nicht meinen, intensive Übung allein könne dir Erfolg garantieren; zuerst musst du in jedem Fall den Stoff im Unterricht verstanden haben. Dann aber gilt der Grundsatz: Je mehr ich übe und trainiere, umso sicherer werde ich - und ich kann mit der Zeit die einzelnen sprachlichen Erscheinungen auch in schwierigeren Zusammenhängen anwenden.

Dies ist nun gerade im vierten Lateinjahr wichtig, in dem du den Übergang zur Lektüre lateinischer Autoren schaffen sollst. Dann hast du nämlich nicht mehr ein Lehrbuch in der Hand, dessen Kapitel einzelne grammatische Themen vorstellen, sondern du liest lateinische Originaltexte, in denen alles Mögliche aus Grammatik und Wortschatz kunterbunt vermischt auftreten kann.

Du hast sicher schon bemerkt, dass auch der Aufbau des Lehrbuches ROMA A IV auf diesen Übergang hinarbeitet: Dort findest du einige Textkapitel, die keinen neuen Grammatikstoff mehr beinhalten, sondern Wichtiges wiederholen und eben vor allem das Übersetzen üben.

Daher ist auch dieses EXPRESS-HEFT etwas anders aufgebaut als die Übungshefte zu ROMA A I-III:

Zu je vier Kapiteln des Übungsbuches findest du in ROMA A IV - EXPRESS eine *zusammenfassende vierseitige Wiederholungs- und Übungseinheit.*

Du solltest daher diese Einheiten des Express-Heftes so bearbeiten, dass du dem Unterricht etwas „hinterherhinkst", also immer nach der Behandlung von vier Kapiteln im Übungsbuch dazu im Express-Heft zusätzlich trainierst.

Und damit du dich schon an den Umgang mit Texten, wie er im Lektüreunterricht wichtig sein wird, gewöhnst, finden sich unter den Übungen relativ viele Texte, die du übersetzen (und oft auch sprachlich und inhaltlich untersuchen) kannst.

Jede Übungs- und Wiederholungseinheit ist folgendermaßen aufgebaut:

A-Teil: Verschiedene Übungen zur Festigung lateinischer Formen und Konstruktionen, ähnlich wie in ROMA A IV.

B-Teil: Ein nicht allzu langer Übungstext, der dir keine größeren Schwierigkeiten mehr bereiten sollte.

C-Teil: Ein zusammenhängender Text, der sich meist schon eng an ein lateinisches Original anlehnt, mit sprachlichen und inhaltlichen Aufgaben.

D-Teil: Eine Schulaufgabe, wie sie nach den jeweils angegebenen vier Kapiteln gehalten werden könnte (z.T. als reine Übersetzung, z.T. als zweigeteilte Schulaufgabe).

Ein letzter Tip: Dosiere deine Arbeit nach deinen Fähigkeiten und Bedürfnissen und befrage deine Lehrerin oder deinen Lehrer, was für dich speziell besonders wichtig ist!

Viel Erfolg - vielleicht manchmal auch etwas Spaß -
wünschen dir die Verfasser dieses Heftchens

Kap. 1 – 4

Konjunktive im Hauptsatz
Konjunktive (Zusammenfassung)
Verwendung der Kasus (Wiederholung)

A a. *Unterstreiche die eindeutigen Konjunktivformen einfach, zweideutige Formen doppelt. Was wird mit den zweideutigen Formen jeweils noch ausgedrückt?*
videam, ostendam, maneam, moriar, monet, nunties, viserem, pellam, inspiciamus, carpserit, sequar, agant, docuerint

b. *Setze die Verbformen in den entsprechenden Konjunktiv und übersetze dann. Wo gibt es mehrere Übersetzungsmöglichkeiten?*
1. Eruditioni studemus. _____ 2. Verum dicitis. _____

3. Suam quisque sortem fert. _____ 4. Numquam hoc dicebam.

_____ 5. Milites in castra redeunt. _____ 6. Romae manes.

_____ 7. Pericula neglegimus. _____ 8. Semper felices

estis. _____ 9. Surgimus. _____

c. *Überlies nicht die entscheidenden Buchstaben!*
Übersetze die Wortformen und richte dich bei der Auswahl der passenden Bedeutungen nach den Ergänzungen in Klammern:
(matri) pares - (etiam magistro) pareas - (utinam mihi) pareres - (insidias) paras - pars (praedae) - (divitias) augemus - (multa) audemus - audiamus (hanc fabulam) - (hoc numquam) auderem - (libenter te) audirem - (hominem) audacem - (magister nihil) audit - (scientiam liberorum) auxit - (utinam scientiam) auxerit - (famam) audis - (a nullo) audiris - (hunc nuntium) audiveris.

d. *Wo ist das Fahrrad (birota,-ae) des Lehrers?*
Claudius Felixque iram magistri excitare numquam dubitant. Claudius: „Birotam magistri amoveamus! Eat pedibus magister!" Felix: „Sed ubi birotam deponamus?" Claudius ridens: „In schola ipsa birotam non quaerat. Sed ne quid prodideris!"

e. *Erkläre die Verwendung des Konjunktivs und übersetze:*
1. Ne praeterieritis occasionem complures linguas discendi! 2. Omnes exercendo multa discant / discerent. 3. Quaeramus locum ad ludum idoneum! 4. Utinam puella vocabula latina disceret / didicisset! 5. Ne omittas studium libros bonos legendi!

f. *Das ist ja irre(al)!*
Setze -are-, -ere-, -ire-, -isse- richtig in die Verbformen ein:
amitt . . . . . m, mov . . . . . s, accus . . . . . mur, tradux . . . . . t, ab . . . . . nt, ven . . . . . mus, abd . . . . . s, curav . . . . . m, nesc . . . . . t

g. *Verbinde mit Linien:*

Aufforderung in der Kirche	Utinam omnes linguas disceres!
Rechtsregel	Oremus!
Schülerwunsch (erfüllbar)	Audiatur et altera pars!
Elternwunsch (unerfüllbar)	Ne sit tam severus paedagogus!

h. *Rund um die Spiele in Rom: die lateinischen Kasus!*
   Gib die Bedeutungen der unterstrichenen Kasusformen an. Welches Satzglied
   wird jeweils ausgedrückt?

1. Romam, in urbem clarissimam, proficiscamur!

   (_____/_____)

2. Iam multos dies ludos exspectavi.

   (_____/_____)

3. Ludi plurimis Romanis cordi erant.

   (_____/_____)

4. Multi gladiatores viri magnae fortitudinis erant.

   (_____/_____)

5. Gladiatores, qui parum fortitudinis ostendebant, vitam amiserunt.

   (_____/_____)

6. Magistratuum erat populo ludos dare.

   (_____/_____)

7. Spectatores inhumani caedibus delectabantur.

   (_____/_____)

8. Gladiatores, qui erant liberi metu, praedicabantur.

   (_____/_____)

5

B Latine loqui - ein „ernstes" Gespräch

Die Schüler einer 8. Klasse sollen in Gruppenarbeit ein Gespräch auf Lateinisch einstudieren. Anja (A), Julian (J), Klaus (K) und Sandra (S) bilden ein Team. Ein Thema ist schnell gefunden. Am nächsten Tag treten sie vor der Klasse auf:

S: Heus, cur vultus tuus tam tristis est? Age, properemus in scholam!

K: Me miserum! Cur operam dem linguae Latinae, qua nostris temporibus nemo iam utitur?

A: Si verba magistri audivisses, aliquot causas e-numerare posses, quibus discipuli adducuntur, ut labores libenter subeant.

K: Di eos adiuvent! Mihi parcite!

A: Romani quasi maiores nostri nominari possunt, quorum vestigia etiam in urbe nostra inveniuntur. Vellem spectares inscriptiones[1] monumentorum! Quantopere te eas legere iuvaret!

K: Romani multis annis ante nos fuerunt. Equidem hodie vivo!

J: Quis crederet non solum multas linguas recentes e lingua Latina ortas esse, sed etiam vocabula Latina nostrae linguae admixta[2] esse?

A: Praeterea scriptores et philosophi nostrorum temporum a Graecis et Romanis didicisse eosque imitati esse dicuntur.

K: Attamen vix quisquam dubitet, quin studium istius linguae res magni sudoris sit.

J: Difficiles sane sint linguae antiquae, sed nulla re memoria magis exercetur et mens acuitur[3].

A: Ne praeterieris igitur occasionem hanc linguam discendi!

C Grüße von Marco

Bernhards ehemaliger Mitschüler und Freund Marco ist mit seiner Familie nach vielen Jahren wieder in seine Heimat Italien zurückgekehrt. Nach einigen Wochen erhält Bernhard von Marco einen Brief in ihrer „Geheimsprache" Latein.

Litteras dedi ad te, mi amice, postquam Alpes transgressi Romam venimus. Hic in villa avi habitamus, qui saluti nostrae valde studens omnibus desideriis meis praecipue favet. Atqui multa desidero:

Quis patriam mihi tam alienam nunc esse crederet? Utinam pater numquam Germaniam deseruisset! Horas hilares recordor, quibus cum grege amicorum per silvas migravi, quibus corpora nostra ludis exercuimus, quibus otio nos dedimus in horto domus vestrae. Libenter ad vos redirem! Nemo enim negaverit ibi esse patriam, ubi amicos habeamus.

Etiam lectiones Latinas una cum vobis strenue discerem. Nunc quartam classem gymnasii frequentatis[4] magnoque labore exercemini. Attamen laeti sitis, nam lingua Latina, ut dicit avus meus, equo acri ac superbo similis est. Primo eques desperat, mox autem equus quamvis ferox equiti libenter paret. Quare tu, mi amice, ne timueris fossas et paludes! Ille equus te usque ad finem ferat!

De amicitia nostra bono animo simus! Velim litteras ad me mittas! Quae mihi magni erunt. Absim sane multa milia passuum a te, tamen numquam desinam amicus tuus esse. Vale!

---

1 *inscriptio,-onis:* Inschrift – 2 *admisceri (alicui rei):* sich vermischen (mit) – 3 *acuere:* schärfen – 4 *frequentare:* besuchen

1. *Welche heute bekannten Touristenziele verbergen sich hinter folgenden lateinischen Städtenamen?*
Ariminum, Byzantium, Londinium, Lutetia Parisiorum, Massilia, Mediolanum, Nicaea, Vindobona

2. *Wie lauten die lateinischen Herkunftswörter zu folgenden italienischen Substantiven (S) und Adjektiven (A)? Gib ihre Bedeutungen an.*
abito (S), assurdo (A), dottore (S), incavato (A), indegno (A), lezione (S)

3. *Nenne zu den Substantiven die dir bekannten Adjektive und gib ihre Bedeutung an nach folgendem Beispiel:*
hilaritas - hilaris, e: heiter, froh
brevitas, crudelitas, difficultas, gravitas, humilitas, immortalitas, inanitas, incolumitas, innumerabilitas, nobilitas, utilitas

4. *Markiere im Text alle Konjunktive im Hauptsatz und bestimme ihre Bedeutung.*

5. *Womit vergleicht Marcos Großvater die lateinische Sprache? Was bedeuten in diesem Zusammenhang* fossae *und* paludes? *Welche anderen Bilder könnten das Verhältnis des Schülers zu seinem Lernstoff veranschaulichen?*

D Alexander der Große

1. Philippus[1] rex filio strenuo iam adulescenti exercitum mandaverat.
2. Nemo negaverit Alexandrum non modo paratum fuisse ad pugnandum, sed etiam vitam militum libenter egisse.
3. Patre interfecto eum regem Macedonum[2] factum esse constat; tum consilium Persas aggrediendi cepit.
4. Omnes sciant, quam celeriter Persas fortiter resistentes vicerit multasque Asiae regiones occupaverit.

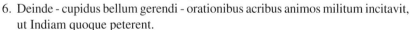

5. Praeterea in Aegyptum[3] profectus est, quā sine pugna potiebatur. Tum crederes illum totum orbem terrarum expugnaturum esse.
6. Deinde - cupidus bellum gerendi - orationibus acribus animos militum incitavit, ut Indiam quoque peterent.
7. Illic autem milites propter labores insolitos multum querebantur: „Utinam ne in istas regiones profecti essemus!"

(Das Heer verweigerte Alexander den Gehorsam, und er musste schließlich umkehren.)

---

1 *Philippus,-i:* Philipp (König von Makedonien, Vater Alexanders) – 2 *Macedones,-um:* die Makedonen – 3 *Aegyptus,-i* f.: Ägypten

Kap. 5 – 8

Gerundiv (attributiv, prädikativ; Dativus auctoris)
Supin
Verallgemeinerndes Relativpronomen

A a. *Unterstreiche die Wendungen mit Gerundiv einfach, mit Gerund doppelt. Übersetze dann:*

occasio ludos spectandi, locus ad castra collocanda aptus, modus vivendi, amici adiuvandi causa, ad oppidum oppugnandum, studiosus audiendi, de gloria adipiscenda disputare, scientia dolorem leniendi, ad puellam instruendam diligentiam adhibere, ad labores ferendos educare, hostes aggrediendo socios adiuvare, in libris legendis, cupidus amicam videndi

b. *Für* exercere *mussten im Textzusammenhang von L 8 (Z. 8 und 12) verschiedene Bedeutungen gewählt werden; nenne weitere fünf Verben, die bei der Wahl der treffenden Bedeutung Probleme bereiten.*

c. *Unterscheide und bestimme:*

monituri - monendi - monentis - monitis

emendanda - emendata - emendatura

amici diligendi - amici diligentis - amico diligenti

studium discendi - studium discentis - studendo discimus

d. *Welcher Buchstabe gehört zu welcher Zahl?*

a	Ihr freut euch über Bücher.	1	Vobis legendum est.
b	Ihr habt Freude am Bücherlesen.	2	Hic liber legendus est.
c	Ihr müsst Bücher lesen.	3	Libris gaudetis.
d	Ihr müsst lesen.	4	Libri legendi sunt.
e	Man muss dieses Buch lesen.	5	Libri vobis legendi sunt.
f	Man muss Bücher lesen.	6	Libris legendis gaudetis.

e. *Übersetze folgende nd-Formen treffend als Adjektive:*
discipuli vituperandi, liber legendus, infans amandus, animalia protegenda
Bilde daraus vollständige Sätze, indem du die entsprechende Form von esse *einfügst.*
Erweitere die Sätze dann um die Angabe einer handelnden Person und übersetze (z.B. Puella matri laudanda est.*).*

f. *Benenne die jeweils gewählte Konstruktion und gib die Sinnrichtung an, die in allen Beispielsätzen zum Ausdruck gebracht wird:*

Medicus
{
auxilium laturus
ut auxilium ferret
ad auxilium ferendum
auxilio
auxilii ferendi causa
}
cito venit

g. *Ordne zu und übersetze:*
diripienda - parcendum - restituendum - fruendum

Victis [1] est. - Consul pontem [2] curavit. - Non omnibus voluptatibus [3] est. - Domicilia civium militibus [4] dantur.

B Ein seltsamer Vergleich

Stell' dir vor, ein Austauschschüler aus dem alten Rom ist in eurer Klasse zu Gast! Was könnte er über den Schulbetrieb an einem heutigen Gymnasium nach Rom berichten?

Scholam, in qua nunc versor, maxima turba liberorum visitat. Quamvis istam scholam nominent „gymnasium", perpaucas tantum horas corpora ibi exercentur. Plerumque plus quam triginta discipuli in una classe sedent eisque multa et varia discenda sunt.

Magistri, qui liberos docent in isto gymnasio, non multa sciant; nam duarum tantum disciplinarum periti sunt. Nonnulli praeceptores etiam linguae Latinae docendae operam dant. Doleo, quod complures discipuli studium linguae Graecae neglegunt, quin etiam repudiant.

Mane liberi maximis vehiculis in scholam transportantur, neque quemquam servus tabulam stilosque ferens sequitur. Immo magnae gravesque perae *(Ranzen)* pueris et puellis portandae sunt.

Quidam discipuli praeceptorum lacessendorum causa non solum clamant, sed etiam contumeliis malignis utuntur. Magistri autem istos neque virgis puniunt neque magnum tollunt clamorem, sed interdum parentes liberorum epistula quadam de iniuriis certiores faciunt. ...

SPORT IN DER ANTIKE

Diese Sportarten wurden in einem antiken „Gymnasium" betrieben.

C Prominententelegramm: Karl der Große

AUSSEHEN: Rex fuit corpore firmo, oculis magnis, naso paulum mediocritatem[1] excedenti, capillis pulchris, facie laeta et hilari.

SPORT: Assidue corpus exercebat venando et natando[2]. Itaque amplissimam domum regiam exstruendam curavit ibique extremis vitae annis habitavit. Et non solum filios, sed etiam nobiles et amicos ad balneum[3] invitavit.

BILDUNG: Nec patrio tantum sermone contentus etiam peregrinis linguis discendis operam impendit. Artes liberales[4] studiosissime coluit. Praecipue ad astronomiam discendam multum temporis et laboris sumpsit.

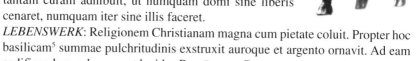

FAMILIE: Liberos suos ita instituendos esse putavit, ut et filii et filiae artibus liberalibus erudirentur. In educando tantam curam adhibuit, ut numquam domi sine liberis cenaret, numquam iter sine illis faceret.

LEBENSWERK: Religionem Christianam magna cum pietate coluit. Propter hoc basilicam[5] summae pulchritudinis exstruxit auroque et argento ornavit. Ad eam aedificandam columnas et lapides Romā atque Ravennā ap-portandos curavit.

KAISERKRÖNUNG: Olim pontifici Leoni[6], qui multas iniurias Romanorum acceperat, auxilium regis implorandum erat. Idcirco Romam venit ad reficiendum ecclesiae[7] statum, qui nimis turbatus erat. Quo tempore imperatoris et Augusti nomen accepit.

1. *Bestimme den Kasus von* corpore firmo, extremis ... annis, temporis et laboris, summae pulchritudinis.

2. *Nenne jeweils das Partizip Perfekt Passiv zu den Verbformen* impendit, coluit, sumpsit, exstruxit, accepit.

3. *Ermittle die Gerundiv-Formen des Textes und bestimme ihre Verwendungsweise (attributiv/prädikativ). Wieviele Gerundien sind enthalten?*

4. *Über Karls Grab in der Aachener Kirche stehen folgende Zeilen:*
   Sub hoc conditorio (*Grabmal*) situm est corpus Karoli Magni ..., qui regnum Francorum (*Franken*) nobiliter ampliavit (amplus!) et per annos XLVII feliciter rexit ...
   Welche Informationen über den Regenten erhalten wir durch die Inschrift?

5. *Die Macht der Franken wurde von den Römern und Griechen immer mit Misstrauen betrachtet. Daher soll ein griechisches Sprichwort stammen: „Der Franke soll dein Freund, nicht aber dein Nachbar sein."*
   Erkläre die Bedeutung des Satzes mit eigenen Worten.

---

1 *mediocritas:* Mittelmaß – 2 *natare:* schwimmen – 3 *balneum:* Bad, Baden – 4 *artes liberales:* die freien Künste (Grammatik, Rhetorik, Dialektik, Arithmetik, Geometrie, Musik, Astronomie) – 5 *basilica,-ae:* Basilika (gemeint ist die Kirche in Aachen) – 6 *pontifex Leo:* Papst Leo – 7 *ecclesia, -ae* die Kirche

D Eine „teure" Heiserkeit

1. Aliquando Milesii[1] aliquot legatos Athenas miserunt auxilii petendi causa.
2. Sed quidquid legati proferebant, nihil profecerunt. Demosthenes[2] enim eorum preces acriter reppulit:
   „Ne adiuveritis Milesios, Athenienses!
   Incredibile auditu est istam civitatem a nobis opem petere. Quare etiam legati quam celerrime domum redeant!"
3. Attamen legati vespere clam Demosthenem adierunt, ut quoquo modo eius sententiam verterent. Tum vero Demosthenes pecuniam a Milesiis accepisse traditur.
4. Postridie Demosthenes - lana[3] indutus - in publicum prodiit civibusque haec exposuit:
   „Equidem de precibus Milesiorum repellendis loqui non possum, quia synanchen[4] patior."
5. Subito autem unus e populo vituperans clamavit:
   „Quis credat te synanchen pati? Immo te argyranchen[5] pati manifestum est!"

(Übrigens: Demosthenes soll sich später deswegen sogar gerühmt haben; als er nämlich von einem Schauspieler erfuhr, dieser habe für einen Auftritt ein 'Talent' erhalten, sagte er: „Ich bekam dafür, dass ich schwieg, noch mehr!")

Demosthenes

---

1 *Milesii,-orum:* die Milesier (Bewohner von Milet) – 2 *Demosthenes,-is:* Demosthenes (einflussreicher athen. Redner) – 3 *lana,-ae:* Wollschal – 4 *synanchen:* griech. Akk. zu synánche - Heiserkeit – 5 *argyranchen:* griech. Akk. zu *argyranche* - Geldkrankheit (*argyr-anche* ist eine scherzhafte Wortneubildung nach *syn-anche;* das griech. Wort *argyrion* bedeutet nämlich Geld!)

Kap. 9 – 12
Relativsätze (im Indikativ, im Konjunktiv)
Prädikatives Partizip
Tempusgebrauch

A a. *Übersetze die folgenden Gedanken antiker Philosophen:*

1. Anaximenes et Diogenes aerem dixerunt rerum esse materiam, ex qua omnia fierent. 2. Epicurus atomos inter se cohaerescere *(sich vereinigen)* censet, ut efficiantur ea, quae sint quaeque cernantur, omnia. 3. Xenophanes, qui deos esse diceret, tamen negavit divinatione *(Weissagekunst)* aliquid comperiri posse. 4. Animal nullum est praeter hominem, quod habeat dei aliquam notitiam. 5. Quis est, quin cernat, quanta vis sit in sensibus? 6. Homini natura rationem dedit, qua regerentur cupiditates. 7. In multitudine philosophorum certe non invenientur (tales), qui in omnibus rebus consentiant.

Welche Relativsätze enthalten einen obliquen Konjunktiv (Verbform einfach unterstreichen), in welchen wird eine adverbiale Sinnrichtung ausgedrückt (Verbform doppelt unterstreichen)?

b. *Die Spiele – nicht für jeden ein Vergnügen!*
Beachte beim Übersetzen die Sinnrichtung, die durch den Konjunktiv im Relativsatz jeweils ausgedrückt wird.
Gib in Klammern jeweils eine lateinische Subjunktion an, die die entsprechende Sinnrichtung ebenfalls ausdrückt.

1. Saepe in amphitheatra concurrebant homines, qui ludos spectarent. (_____)

2. Seneca autem, qui talia spectacula contemneret, ibi non versabatur. (_____)

3. Neque enim is erat, qui crudelitate delectaretur. (_____)

c. *Setze jeweils die richtige Form des Relativpronomens und dazu alternativ eine passende Subjunktion ein; übersetze dann:*

1. Dux legionem, ____/____ castra hostium oppugnaret, misit.

2. Hostium legati venerunt, ____/____ pacem peterent.

3. Cato, ____/____ Graecos contemneret, filium monuit, ne medicis Graecis crederet.

4. Nonnulli Romani servos Graecos emebant, ____/____ liberos erudirent.

d. *In welchen Relativsätzen von L 11 steht ein obliquer Konjunktiv?*

e. *... qua secari ac dividi possint. (L 12, Z. 11): Der Konjunktiv in diesem Relativsatz könnte durch den Konjunktiv im übergeordneten Satz (sit) erklärt werden; wodurch wissen wir aber, dass eine adverbiale Sinnrichtung vorliegt?*

f. *Philipp Melanchthon führt 1549 in seinem Werk 'Initia Doctrinae Physicae' aus:*
„Quot sunt elementa? Dixit Democritus infinita esse elementa, Anaxagoras unum tantum. At communis sententia antiquissima est praeter caelum quattuor esse corpora simplicia: ignem, aerem, aquam et terram.“

g. *Wer ist gemeint?*
Heu puerulos malignos!
Raro, qui laudentur, dignos
invenimus, at istorum
nota pravitas (*zu* pravus) est morum.

h. *Wie bitte?*
Ein Schüler sollte folgenden Satz übersetzen:
Die Wachter führten den Dieb gefesselt in die Stadt. Er übersetzte:
Custodes furem vincti in urbem duxerunt.
Warum lacht ein Teil der Klasse?

B Themistokles - der führende Staatsmann Athens zur Zeit der Perserkriege:

Themistocles unus idoneus videbatur, qui Atheniensium civitati optime prospiceret.

Persis Graeciam aggredientibus Themistocles legatos Delphos mittendos esse putavit, qui consilium ab oraculo peterent.

Quod Atheniensibus suasit, ut moenibus ligneis[1] se munirent.

Athenienses, quamvis hoc oraculum nequaquam intellexissent, tamen iussu Themistoclis ex urbe in naves recesserunt; ita Persas, gentem belli gerendi cupidam, proelio navali[2] vicerunt.

Sed etiam hoc compertum habemus:

Athenienses postea constituerunt Themistoclem, qui providentia sua civibus plurimum profecerat, e patria expellendum esse.

Kriegsschiffe
(Vasenmalerei)

C Eine Vielfalt von Philosophen - eine Vielfalt von Meinungen

Der Kirchenvater Augustinus (um 400 n.Chr.) geht in seinem Werk über den „Gottesstaat" auch auf die griechische Philosophie ein; er stellt die Meinungsvielfalt der Philosophen dem christlichen Weg zur Wahrheit und zum Glück gegenüber:

Graecorum philosophi id egerunt, ut invenirent, quomodo beatitudo[3] adipiscenda esset. Quamvis multi eorum pro ea certarent, quam veritatem putarent, tamen ad veram beatitudinem non pervenerunt, quoniam eos divina non duxit auctoritas. Ex quo fit, ut dissenserint et a magistris discipuli et inter se condiscipuli, quia humanis sensibus id quaesiverunt. Nonne apud Athenienses et Epicurei clarebant[4] et Stoici, qui tam contraria de deis sentirent? Itaque miror, cur Anaxagoras[5] reus factus sit, qui solem non esse deum, sed lapidem ardentem dixisset, cum in eadem civitate securus viveret Epicurus, non solum solem deum esse non credens, sed nullum deorum omnino in mundo habitare contendens, ad quem preces hominum perveniant.

Atque alii immortales esse animas, alii mortales affirmant. Plato animas, quae scelera commiserint, in pecudibus re-nasci[6] putat et ita scelerum suorum poenas luere[7], donec rursus ad figuras hominum redeant. Neque vero inter se dissentiunt auctores nostri, quibus sacrarum litterarum[8] canon[9] sit.

1. *Der Satz in Z. 6-10 ist trotz seiner Länge nicht schwer zu übersetzen: Er beginnt mit dem Hauptsatz* (Itaque miror), *dann kannst du Stück für Stück jeweils bis zum nächsten Komma erarbeiten. Die folgende Skizze verdeutlicht die Abhängigkeiten der einzelnen Satzglieder:*

Itaque miror,	Subjekt+Prädikat
cur Anaxagoras	Objekt zu *miror*
qui ... dixisset	Attribut zu *Anax.*
solem non esse deum, sed ...	Objekt zu *dixisset*
reus factus sit,	
cum ... viveret Epicurus,	Adverbiale zu *f. sit*
non solum ... non credens	Attribut zu *Epicurus*
solem deum esse,	Objekt zu *credens*
sed ... contendens	
nullum deorum ... habitare,	Objekt zu *contendens*
ad quem ... perveniant.	Attribut zu *nullum*

2. *Welche Relativsätze enthalten einen obliquen Konjunktiv (Verbform* einfach *unterstreichen), in welchen liegt eine adverbiale Sinnrichtung vor (Verbform* doppelt *unterstreichen?*

3. *Welcher der mit* ut *eingeleiteten Gliedsätze (Z. 1-5) vertritt ein Subjekt, welcher ein Objekt?*

---

1 *ligneus,a,um:* hölzern, aus Holz – 2 *navalis,e:* See-, zu Schiff – 3 *beati-tudo* – 4 *clarēre:* zu *clarus* – 5 *Anaxagoras:* Philosoph, 5. Jh. v.Chr.; wurde wegen Gottlosigkeit angeklagt und aus Athen verbannt – 6 *re-nasci* – 7 *poenas luere:* bestraft werden – 8 *sacrae litterae:* die Hlg. Schrift – 9 *canon (griech.):* Richtschnur, Norm

4. *Informiere dich in einem Lexikon über die Götterlehre der Stoa und des Epikureismus, sowie über die Seelenwanderungslehre Platons.*

5. *Wie begründet Augustinus, dass die Philosophen nicht den Weg zum wahren Glück fanden? Welche drei Belege für die Meinungsvielfalt der Philosophen führt er an? Warum gibt es bei christlichen Autoren derartige Unterschiede nicht?*

D *I. Übersetzung:*

Vereinbarungen sollte man einhalten

Der griechische Dichter Simonides ist zu einem Gastmahl bei dem reichen Skopas eingeladen ...

1. Constat Scopam[1], qui nimis gloriae appetens esset, Simonidi[2] magnum praemium proposuisse, ut carmine se[3] praedicaret.
2. Cum Simonides carminis ornandi causa etiam facta Castoris et Pollucis[4] descripsisset, Scopas, iste homo rudis, poetam maligne vituperavit:
3. „Nequaquam dignus es, qui aliquod praemium accipias, quoniam omnes te audiebant laudantem illos deos non minus quam me. Ab illis igitur praemium tibi petendum erit." Poeta tacuit.
4. Paulo post nuntiatum est duo iuvenes ad ianuam stantes petere, ut Simonides exiret; is autem e villa egressus neminem repperit.

Während Simonides vergeblich nach den Jünglingen suchte, stürzte das Gebäude, in dem das Gastmahl stattfand, ein; Skopas und die anderen Gäste kamen darin um!

II. Fragenteil:

1. Suche aus dem Übersetzungstext je ein Beispiel für folgende Konstruktionen:
   a. *AcI*   b. *AcP*   c. *prädikatives Gerundiv*   (3BE)

2. Erkläre die Verwendung des Konjunktivs in den folgenden Relativsätzen:
   a. *Hostes legatos miserunt, qui pacem a Romanis peterent.*
   b. *Constat Ciceronem multa didicisse, quae a Graecis inventa sint.*   (2BE)

3. Erkläre die folgenden Fremdwörter, indem du das entsprechende lateinische Wort und die deutschen Bedeutungen angibst: a. *subtil*   b. *Profit*   (2BE)

4. Bilde zu den folgenden Verbformen jeweils die entsprechende Konjunktivform:
   a. *prospeximus*   b. *recedebas*   c. *elabitur*   (3BE)

5. Gib die deutsche Bedeutung von *prospicere* in den folgenden Sätzen an:
   a. *Magistratus omnibus civibus prospiciant!*
   b. *Nemo res futuras prospicere potest.*   (2BE)

---

1 *Scopas, -ae* m.: Skopas (Eigenname) – 2 *Simonides, -is:* Simonides (berühmter griech. Dichter) – 3 *se:* „ihn" (gemeint ist Skopas) – 4 *Castor, -oris:* Kastor; *Pollux, -ucis:* Pollux *(Söhne des Zeus und der Leda, die als Sternbild an den Himmel versetzt wurden)*

Kap. 13 – 16

Gliedsätze
(als Adverbiale: Übersicht
als Subjekt/Objekt: abhängige Aussagesätze)
Consecutio temporum
Innere Abhängigkeit
Satzverbindungen (Wiederholung)

A a. *Der Kirchenvater Augustinus (um*
400 n.Chr.) berichtet, wie er
Alypius, einen seiner Schüler, vom
„Wahnsinn der Spiele" abbringen
konnte:

Quodam die, cum discipuli
adessent, putavi reprehendendos
esse eos, quos insania *(Wahnsinn)*
ludorum cepisset. Alypius gratias
maximas egit, quod se quoque
monuissem. Postea accidit, ut ille,
qui vehementer resisteret, ab
amicis in amphitheatrum
duceretur. Ibi se absentem adesse
Alypius affirmavit, quod animum
suum convertere non posset in talia
spectacula.

Übersetze und erkläre die Konjunktive
in den Gliedsätzen und Relativsätzen.

b. *Wer die Wahl hat ...*
Markiere diejenige der drei jeweils angegebenen Verbformen, die in einem
korrekten lateinischen Text zu erwarten ist.

1. Saepe fit, ut medicus aegrum
   (a) adiuvat - (b) adiuvet - (c) adiuvaret.
2. Non dubito, quin medici aegrum
   (a) sanent - (b) sanarent - (c) sanaturi sint.
3. Aeger medicum orabat, ne se
   (a) vexet - (b) vexaret - (c) vexaverit.
4. Timebam, ne aeger
   (a) sis - (b) esses - (c) fueris.
5. Scire velim, cur medicum non
   (a) arcesseres - (b) arcessiveris - (c) arcessivisses.
6. Aeger medico gratias egit, quod se
   (a) sanet - (b) sanaret - (c) sanavisset.

c. *Einer gewinnt!*
Verteile die fünf Vokale a, e, i, o, u *so, dass korrekte Verbformen von* fieri
entstehen. Jeder Vokal darf nur einmal verwendet werden.

fi_s - fi_m - f_t - fi_nt - futur_s esse

d. *Stimmen aus dem Schullandheim*
1. „Dum nos honeste gerebamus, feriis iucundis fruebamur."
2. „Semper in itinere exspectavimus, dum omnes adessent."
3. „Dum magistra dicit, discipuli plerumque tacuerunt."
4. „Nonnulli multos labores subeunt, dum primi ad summum montem
   perveniant."
5. „Parentes timoris pleni erant, dum domum rediimus."

e. *Silbenrätsel*
*Übersetze die folgenden deutschen Vokabeln ins Lateinische, indem du die
vorgegebenen Silben verwendest. Die Anfangsbuchstaben der richtigen Wörter
ergeben einen Satz aus dem lateinischen* Pater noster.
*1. begütert - 2. erklären - 3. und - 4. Übergang - 5. wertlos - 6. anflehen -
7. stellen - 8. dass - 9. natürlich - 10. dennoch - 11. lieblich - 12. verständig
sein - 13. darauf - 14. sobald - 15. silbern*
a - ar - at - ca - cra - for - gen - i - il - lis -lis - lo - lus - men - moe - mum - na
- na - nus - ob - pe - pri - que - ra - re - re - re - sa - se - ta - te - tra - trans
- tu - tu - tum - tus - tus - us - ut - ut - vi

f. *Der besorgte Zecher*
Quidam vini potator (*Zecher*), cum incidisset in febrim (*Fieber*), siti maiore
vexatus est. Statim medici arcessiti sunt, ut de removenda febri et siti
consultarent. Tum vir aeger orabat, ut medici solum febrim sanarent. „Sitim
autem", inquit, „mihi curandam relinquite!"

g. *Bösartige Verse*
Tres medicus facies habet: unam, quando (= cum) rogatur,
   angelicam (*Engeln gleich*); mox est, cum iuvat, ipse Deus.
Post (= postea), ubi curato poscit sua praemia morbo,
   horridus apparet terribilisque Satan.

B Das Ideal der Freundschaft

Fabula quaedam prodita est, in qua illustratur, quanti est amicitia. Olim accidit,
ut Damon quidam, cum Dionysio tyranno insidias paraturus esset, a custodibus
caperetur. Capitis damnatus virum crudelem obsecravit, ut secedere sibi liceret,
quod, priusquam occideretur, sororem cum marito coniungere vellet. „Dum
rediero", inquit, „pro me amicum vadem[1] relinquam. Qui moriatur, nisi fidem
praestabo." Dionysius putans neminem tam fidum esse, ut, quamvis mortem
effugere posset, sua sponte poenam subiret, adulescenti spatium trium dierum

---

1 *vas, vadis* m.: Bürge

permisit. Damon postquam nuptiis sororis interfuit, ad tyrannum rediit, quam celerrime potuit, ut amicum servaret. Et cum in itinere summo cum periculo labores ingentes susciperet, tamen mature ad urbem pervenit amicoque libertatem reddidit. Ambo amicitia adeo excellebant, ut etiam cor tyranni commoveretur. Duobus viris dixit: „Cognovi fidem vilem non esse. Utinam mihi contingat, ut in amicitiam vestram accipiar!"

C Alexander der Große - unvergleichlich?

Der römische Historiker Livius wendet sich gegen die Behauptung romfeindlicher Geschichtsschreiber, Alexander der Große (+ 323 v.Chr.) hätte in einer militärischen Auseinandersetzung sogar die Römer unterwerfen können:

Haec saepe mecum cogitavi: Qui-nam eventus Romanis rebus fuisset, si cum Alexandro bellum esset gestum?

Consideremus igitur illos duces Romanos, cum quibus Alexandro bellum gerendum fuisset: In quolibet aequalium Romanorum ingenia eadem inveniemus, quae in Alexandro erant.

Ut veniam ad regem ipsum: haud equidem nego egregium ducem fuisse Alexandrum; sed clariorem tamen eum facit, quod adulescens - adversam fortunam nondum expertus - decessit.

Qui magnitudinem eius illustrant, neglegunt se iuvenis tantum res gestas declarare. Populo autem nostro iam multa per saecula bella gerenda sunt; in tam longo spatio fortuna saepe mutatur.

Itaque hominis cum homine et ducis cum duce fortuna conferenda est. Quot Romanos duces nominem, quibus numquam adversa fortuna pugnae fuit? Qui mirabiliores quam Alexander aut quisquam rex sunt, cum paucos dies quidam dictaturam, nemo plus quam annum consulatum gesserit.

In-victus ergo Alexander cum in-victis ducibus bella gessisset atque plus periculi subisset, quod Macedones unum Alexandrum habuissent, Romanis autem multi duces fuissent Alexandro vel gloria vel magnitudine pares.

Fortasse Dareo magis similis quam sibi Alexander in Italiam venisset. Quid, si vini amor et acris ira in dies crevissent? Nonne haec imperatori exitio esse putamus?

1. Sammle und untersuche die Stellen, die Aussagen über die Person und den Charakter Alexanders liefern. Welches Bild von Alexander entsteht?

2. Wie und wozu verwendet der Autor den Begriff fortuna?

3. Suche aus dem Text die Relativ-, Interrogativ- und Indefinitpronomina und stelle sie in einer Tabelle zusammen.

4. Welche Satzglieder vertreten die Gliedsätze mit quod?

D Erlebnis Kreta: Ein Ausflug zur „Leprainsel" Spinalonga

1. Cum Eloundam[1], ad urbem amoenam in ora Cretensi[1] sitam, venitis, bene facitis, quod Spinalongam[1] insulam visitatis.
2. Fuit antea tempus, cum civitas omnes homines morbo periculoso affectos deligi iuberet, qui - quasi capitis damnati - in eum locum mitterentur.
3. Mirum est, quod exsules, quamvis scirent exitium sibi impendere, tamen aequo animo vitam quodam modo cottidianam agebant. Quin etiam usu venit, ut matrimonia coniungerentur.
4. Nec umquam aegris facultas concedebatur propinquos videndi, ne illi peste inficerentur[2]. Hoc solum eis solacio erat: Cum navis cibos portabat, fieri poterat, ut epistulae acciperentur.
5. Hodie ille „vicus mortuorum" ita desertus est, ut animi omnium reliquias aedificiorum aspicientium valde moveantur.

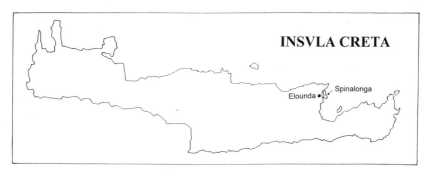

INSVLA CRETA

Elounda • Spinalonga

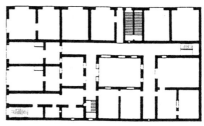

insula diente nicht nur als Bezeichnung für eine Insel, sondern auch für ein römisches Mietshaus.

---

1 Vgl. Skizze – 2 *inficere:* vgl. das Fremdwort Infektion

Kap. 17 – 20

Gliedsätze
(als Adverbiale: kondizional, komparativ
als Subjekt/Objekt: abhängige Begehrsätze)
Realis
opus est

A a. *Ciceros Grundsatz für die Lösung innenpolitischer Konflikte:*
Vis abesto! Nihil est enim perniciosius civitatibus, nihil tam contrarium iuri
ac legibus, nihil minus civile et inhumanius quam - bene composita et constituta
re publica - quicquam agi per vim.

   b. *Gedanken zu Europa - real, potential, irreal?*
Notiere die Verwendungsweise der Modi und übersetze:
1. Nisi omnes nationes Europae videant concordia res parvas crescere,
numquam inter se consentiant. (_____)
2. Si volumus, ut aurea aetas nobis restituatur, veteres inimicitias componere
debemus. (_____)
3. Sin autem mores aliarum civitatum reprehenderemus, sine dubio controversia
inter populos esset. (_____)
4. Multos annos in concordia vixissemus, nisi quidam homines spe potentiae
adducti civitates sollicitavissent. (_____)

   c. *Rätsel:*
Servulus iste tuus, quo tu laetaris inerti (*„wenn er nicht in Gebrauch ist"*);
bracchia si pandit (pandere: *ausbreiten, öffnen*), nil nisi flere potest.

   d. *Der Wert eines Sklaven*
Aus dem Zwölftafelgesetz: Manu fustive (fustis, -is: *Stock*) si quis os fregit
libero, CCC asses, si servo, CL asses poenam subito.

   e. *Kleine Geschichten über die Spartaner:*
1. Philippus Macedonius Lacedaemoniis (Lacedaemonius: *Spartaner,
spartanisch*): „Si exercitus meus tota Graecia expugnata Spartam deleverit,
me timebitis." - „Si", Lacedaemonii respondisse dicuntur.
2. Adulescente Lacedaemonio dolente, quod tot milites in pugna cecidissent,
pater: „Res bene se habet", inquit, „nam militibus mortuis nihil opus est."
3. Senex Atheniensis theatro completo sedem quaerens non invenit. Sine mora
Lacedaemonii legati, qui forte aderant, surrexerunt senem orantes, ut sibi sedem
idoneam deligeret. Athenienses Lacedaemonios ob bonos mores magna voce
laudaverunt. Deinde Lacedaemonii: „Athenienses, quamvis sciant, quid deceat,
non faciunt."

f. *Kopflos! Folgende Wörter haben jeweils dasselbe Problem. Löse es und bestimme dann die Formen:* pta, nera, pes, pem, ra, peras, peri, pum, pera, vi

g. *Der römische Dichter Martial bringt in vielen seiner Gedichte Schwächen und Fehler seiner Mitmenschen zur Sprache. In den folgenden beiden Zweizeilern geht es um Thaïs, Laecania (weibl. Eigennamen) und Quintus.*
   1. Thaïs habet nigros, niveos (*schneeweiße*) Laecania dentes.
      Quae ratio (*Grund*) est? Emptos haec habet, illa suos.
   2. 'Thaïda (*Akk.*) Quintus amat.' 'Quam Thaïda?'
      'Thaïda luscam (*einäugig*).'
      'Unum oculum Thaïs non habet, ille duos.'
   Mit welchem Stilmittel arbeitet Martial in beiden Gedichten? Erkläre seine Funktion im Textzusammenhang.

B Ein Brief Ciceros an seine Frau

Der folgende Brief, den Cicero am 16. Oktober 50 v. Chr. an seine Frau Terentia und seine Tochter Tullia schrieb, zeigt den berühmten Mann des Altertums auch in Sorge um den Staat.

Si tu et Tullia, lux nostra, valetis, etiam ego valeo. Idibus Octobribus Athenas venimus, cum adversis ventis usi essemus. Cum de nave exirem, Acastus[1] cum litteris me exspectavit.
Accepi tuas litteras, quibus intellexi te vereri, ne superiores litterae mihi redditae non essent. Omnes sunt redditae, diligentissimeque a te scripta sunt omnia. Neque sum miratus hanc epistulam, quam Acastus attulit, brevem fuisse; nam me ipsum iam exspectas, qui quam celerrime ad vos venire cupio, etsi, in quam rem publicam veniam, intellego. Cognovi enim ex multorum amicorum litteris ad arma rem spectare[2]. Idcirco mihi, cum venero, dissimulare non licebit, quid sentiam. Sed quoniam subeunda fortuna est, operam dabo, ut redeam. Quo celerius veniam, eo facilius de tota re deliberare poterimus.
Tu velim, quam longissime poteris, obviam mihi eas. Me, si di adiuvabunt, circiter Idibus Novembribus in Italia fore spero. Tu, mea suavissima Terentia, si me amas, cura, ut valeatis. Vale!

C Karl der Große und der Bischof

Die folgende Geschichte zeigt, wie Karl der Große auch in der Kirche „regierte" und sich in ihr engagierte; so besetzte er hohe Kirchenstellen nach seinem Gutdünken.
Ob diese Begebenheit wahr ist, wissen wir nicht. Sie stammt von Notker Balbulus (9.Jh.), der in seinem Werk über Karl den Großen historische Ereignisse und erfundene Anekdoten vermengte.

Episcopus[3] quidam erat inanium rerum atque deliciarum cupidus. Sapientissimus autem Carolus ubi haec comperit, cuidam mercatori praecepit, ut illum episcopum deciperet.

---

1 *Acastus:* Akastus (Sklave Ciceros) – 2 *res ad arma spectat:* es sieht nach Krieg aus – 3 *episcopus:* Bischof

Mercator tum magnam operam dedit, ut murem domesticum forte comprehensum diversis aromatibus[1] spargeret et episcopo offerret, dicens se ex Iudaea attulisse illud pretiosissimum animal, quod antea non esset visum. Episcopus, quia hac re maxime gaudebat, nitebatur, ut carissimum illud animal emeret; promisitque mercatori decem libras[2] argenti. Sed callidus ille homo velut indignatus dixit: „Tibi numquam continget, ut pretio tam vili et turpissimo illam rem accipias!" Neque multum afuit, quin abiret.

Episcopus autem timens, ne carissimam illam rem adipisci non posset, plenum argenti modium[3] proposuit. Tandem ille non iam recusavit, quin murem venderet. Mox autem omnibus episcopis convocatis Carolus rex totum illud argentum afferri iussit; tunc declaravit: „Nobis potissimum videndum est, ne umquam rerum inanium cupidi simus. Pauca enim nobis opus sunt. Uni autem vestrum crimini do, quod tantum argenti pro mure uno domestico cuidam dedit mercatori."

1. *Suche aus dem Text je zwei Beispiele für abhängige Begehr- und abhängige Aussagesätze. Suche je einen Gliedsatz, der ein Subjekt, ein Objekt und ein Adverbiale vertritt.*

2. *Welche konjunktivischen Gliedsätze drücken Gleichzeitigkeit zu einem Haupttempus (Präsens, Futur; einfach unterstreichen), welche zu einem Nebentempus (doppelt unterstreichen) aus?*

3. *Mit welchen Wörtern und Wendungen werden die handelnden Personen charakterisiert (Carolus, mercator, episcopus)?*
Inwiefern ist die Handlungsweise Karls aus heutiger Sicht ungewöhnlich?

4. *Man könnte den Inhalt des Textes in Bildern darstellen. Wie viele Bilder sind dazu mindestens nötig? Was kann zeichnerisch nur schwer ausgedrückt werden? Versuche eines der Bilder zu malen.*

5. *Verwandle den folgenden Ablativus absolutus in einen Gliedsatz mit der Subjunktion* cum *und beachte die Zeitenfolge:*
omnibus episcopis convocatis (Carolus ... iussit.)

---

1 *aroma, -atis:* Gewürz, Duftstoff – 2 *libra:* Pfund – 3 *modius:* Scheffel

6. *Sicherlich hast du bemerkt, dass das Wörtchen* quod *Schwierigkeiten bereiten kann, weil es mehrdeutig ist (kausal, faktisch, relativ). Bestimme und übersetze:*
1. Quod cupidus inanium rerum erat, episcopus etiam murem concupivit.
2. Hoc animal, quod mercator quidam attulerat, magno emit. 3. Quod cum comperisset, Carolus rem detexit. 4. Huc accessit, quod Carolus coram omnibus illum illusit.
Welches Satzglied vertritt der mit quod *eingeleitete Gliedsatz in den Sätzen 1, 2 und 4?*

D *I. Übersetzung:*

Jetzt reicht's!

Stimmen empörter Römerinnen nach Catos Rede zur lex Oppia:

1. „Iste Cato locutus est, quasi mulierum esset domi versari neque in publico apparere. Naturā autem impellimur, ut auro fulgeamus ornatuque insignes per urbem vehamur."
2. „Num consul timet, ne purpura vestitae libertatem nimis desideremus?"
3. „Iam pridem miseriam nostram levari oportuit. Sed mariti nostri petentes, ut cunctando tumultus sedetur, vehementer rescusant, ne nobis auxilio veniant."
4. „Vos hortor, ne taceatis neve concedatis, ut cunctis deliciis careamus. Quo maius erit agmen earum, quae in viros invehuntur, eo plus efficiemus, ut vinculis liberemur."

II. Fragenteil:

1. Nenne zwei verschiedene lateinische Vokabeln zum Wortfeld „Frau" und gib durch die deutsche Übersetzung die unterschiedliche Bedeutung an nach folgendem Beispiel:
   urbs = Stadt, *oppidum* = Landstadt   (2BE)

2. Verwandle die Form *petentes* (Satz 3) in einen lateinischen Gliedsatz und überlege, welche Subjunktion die jeweilige Sinnrichtung trifft und welcher Modus gewählt werden muss.   (2 BE)

3. Bilde zu den folgenden Verbformen jeweils die entsprechende Form des Perfektstamms:
   a) *ruebat*   b) *intercedere*   c) *fulgent*   (3 BE)

4. Setze das in Klammern stehende Wort in den richtigen Kasus:
   a) Rei publicae (*pecunia, -ae*) opus est.
   b) Liberis (*multi, ae, a*) opus sunt.   (2 BE)

5. Gib die deutsche Bedeutung von *contendere* in den folgenden Sätzen an:
   a) Cato in forum *contendit*.
   b) Cato *contendit*, ut audientibus persuaderet luxuriam rei publicae periculosam esse.
   c) Cato legem Oppiam necessariam esse *contendit*.   (3 BE)

Kap. 21 – 24 Oratio obliqua

A a. *Welche Hauptsatzprädikate der folgenden deutschen Sätze würden in der lateinischen indirekten Rede im AcI erscheinen (einfach unterstreichen), welche würden im Konjunktiv stehen (doppelt unterstreichen)?*

Caesar sprach in einer Heeresversammlung zu den Soldaten:

1. Sie sollten den Mut nicht verlieren.
2. Dem Schicksal sei zu danken, dass Italien ohne Verlust erobert worden sei.
3. Warum riefen sie sich nicht in Erinnerung, wie glücklich sie unversehrt durch die feindlichen Flotten gekommen seien?
4. Wenn nicht alles günstig laufe, müsse man dem Glück durch Tatkraft nachhelfen.
5. Ihm könne die erlittene Schlappe nicht angelastet werden.
6. Habe er nicht stets umsichtig gehandelt?
7. Was sei jetzt zu tun?
8. Alle sollten sich bemühen, den Verlust wettzumachen.
9. Dann werde sich das Unheil in Erfolg verwandeln.

b. *Der Alexanderbiograph Curtius Rufus berichtet von einem Brief des makedonischen Königs an den Perserkönig Dareus nach der Schlacht bei Issos (333 v. Chr.). Einige Sätze davon sind hier in indirekter Rede wiedergegeben und übersetzt. Aber nicht alle Verbformen sind korrekt übertragen. Achte besonders auf die Verwendung des Konjunktivs im Deutschen und unterstreiche die Fehler.*

1. Persas impia bella suscepisse.
   Die Perser hätten ruchlose Kriege unternommen.
2. Se bellum repellere, non inferre.
   Er würde den Krieg vermeiden, nicht anfangen.
3. Deos pro meliore stare causa.
   Die Götter stehen auf der Seite der besseren Sache.
4. Se eum ipsum acie vicisse.
   Er hätte ihn selbst in der Schlacht besiegt.
5. Tamen se promittere Dareum et matrem et coniugem et liberos recepturum esse.
   Dennoch verspreche er, dass Dareus sowohl die Mutter als auch die Gattin und die Kinder wiedererhalten werde.
6. Nam se et vincere et parcere victis scire.
   Denn er verstünde sowohl zu siegen als auch die Besiegten zu schonen.

c. *Folgende Konjunktivformen kommen bei der deutschen Übersetzung der indirekten Rede häufig vor. Unterstreiche die Formen des Konjunktiv Imperfekt. Wann kommt dieser zum Einsatz?*

Singular: er/sie/es sei, habe, solle, werde, wolle
Plural: sie seien, hätten, sollten, würden, wollten

d. *Entscheide, ob bei der Übersetzung ins Deutsche das finite Verb im Konjunktiv Präsens oder Imperfekt stehen muss. Wie lautet jeweils die deutsche Verbform?*
Alexander scribit:
- bella Persarum impia esse
- se magnam partem Asiae in dicionem suam redegisse
- Persas colonias Graecorum vastavisse
- se bellum non illaturum esse
- mox matrem et coniugem Darei liberas futuras esse

e. *Der Tod und der Greis*
Poeta fabulam aliquando narravit:
Senem onus grave domum portavisse. Mox eum de viribus suis desperavisse et mortem sibi optavisse: Appropinquaret Mors, ut tantis laboribus tandem liber esset!
Subito Mortem apparuisse et senem territum dixisse ei: Adiuvaret se, nam onus sibi seni gravius esse! Magnam ei gratiam se habiturum esse, si se adiuvisset onus portare.

B Dädalus und Ikarus

De Daedalo artifice haec comperimus:
Eum caede cruenta deos lacessivisse. Filium enim sororis ab eo invidia impulso interfectum esse. Tum Daedalum Athenis accusatum in Cretam fugisse. Dum ibi Minoi[1] aedificia illustria exstrueret, paulatim desiderium in patriam redeundi crevisse. Sed regem identidem eum impedivisse, quominus insulam relinqueret retroque in patriam veniret.
Ideo multis rebus frustra inquisitis Daedalum conatum esse, si alis[2] sublevatus effugere posset. Icarum filium admonuisse, ut is quoque alis utens per aera fugeret seque subsequeretur. Ne esset levis neve soli obviam volaret!
Filium autem, qui mandata patris non satis reputaret, repente in mare cecidisse.

---

1 *Minos,-ois:* Minos (sagenhafter König von Kreta) – 2 *ala,-ae:* Flügel

C Ein selbstbewusstes Friedensangebot an Caesar

*Als der gallische Stamm der Helvetier versucht, sich seinen Weg in ein neues
Siedlungsgebiet zu bahnen, wird Caesar von mehreren benachbarten Völker-
schaften um Hilfe und Schutz gegen helvetische Übergriffe gebeten. Nach einer
ersten, für die Römer siegreichen militärischen Auseinandersetzung schickten
die Helvetier eine Gesandtschaft zu Caesar, deren Sprecher Divico folgende Worte
an ihn richtet:*

Si pacem populus Romanus cum Helvetiis[1] faceret, in eam regionem ituros atque
ibi futuros esse Helvetios, ubi eos Caesar constituisset[2]. Sin bellum gerere pergeret,
reminisceretur et veteris cladis populi Romani et virtutis Helvetiorum.

Quod unam partem Helvetiorum adortus esset, cum alii suis auxilium ferre non
possent, ne suae virtuti tribueret. Se ita a patribus maioribusque suis didicisse, ut
magis virtute quam dolo aut insidiis niterentur. Quare ne committeret[3], ut is locus,
ubi constitissent, ex calamitate populi Romani nomen caperet[4].

Caesar ita respondit: Si veteris contumeliae oblivisci vellet, num etiam recentium
iniuriarum memoriam deponere se posse, quod Helvetii se invito iter per
provinciam per vim temptavissent?

Cum ea ita essent,
tamen se cum iis
pacem esse factu-
rum, si obsides ab
iis sibi darentur, ut
eos facturos esse
intellegeret, quae
polliciti essent.

Darstellung Caesars aus
dem 19. Jh.

---

1 *Helvetii,-orum:* die Helvetier (keltisches Volk in der heutigen Schweiz) – 2 *constituere (hier):*
ansiedeln – 3 *committere, ut (hier):* es so weit kommen lassen,dass – 4 *nomen capere ex aliqua re:*
seinen Namen von etw. erhalten

1. *Die folgende Skizze verdeutlicht den Bau des letzten Satzes und hilft dir, bei der Analyse schrittweise vorzugehen. Übersetze zunächst die Bausteine des Hauptsatzes und dann der jeweils untergeordneten Gliedsätze:*

HS		tamen ...facturum	
GS$_1$	Cum ... essent		si ... darentur
GS$_2$			ut ...intellegeret
GS$_3$			quae ... essent

2. *Ermittle die Hauptsätze der indirekten Rede und unterscheide sie nach Aussagesätzen, Begehrsätzen und Fragesätzen. In welcher grammatischen Form erscheint jeweils das Prädikat?*

3. *Welche Wortarten können in „cum" und „quod" vorliegen? Bestimme ihre Verwendungsweise an den einzelnen Textstellen.*

4. *Übersetze folgende Wendungen:*
   memoria tenere - memoria repetere - memoriae mandare - ex memoria narrare - memoriae prodere - memoria comprehendere

5. *Wie gelingt es Caesar, die Glaubwürdigkeit des von den Helvetiern vorgetragenen Friedenswillens in Frage zu stellen? Welche Absicht verfolgt er vermutlich damit?*

D Eine ausweglose Situation?

Kyros der Jüngere hatte ein griechisches Söldnerheer angeworben, um gegen seinen Bruder Artaxerxes, den Großkönig der Perser, zu ziehen und ihm die Macht zu entreißen.

Kyros fiel aber in der entscheidenden Schlacht, und die meisten der griechischen Söldnerführer wurden heimtückisch ermordet. Wie sollte es für die Tausende griechischer Soldaten mitten im Feindesland weitergehen?

1. Nuntio caedis allato Graeci consultabant, utrum Persis se dederent an transitum per fines hostium pararent, ut retro in patriam venirent.

2. Metuentes, ne hac calamitate non expedirentur, alii deos obsecrabant, ne in manus hostium inciderent, alii proelium extemplo inire cupiebant, dummodo ne fame interirent.

3. Cum in hoc discrimine rerum nescirent, quid faciendum esset, bene evenit, quod Xenophon[1] milites perterritos ita hortatus est:
   Cur hostes tantopere timerent? Reminiscerentur patrum, qui istos barbaros fortiter e Graecia expulissent!
   Quodsi verbis suis obtemperarent seque subsequerentur, eos ab exitio fatali servari posse. Sin cunctarentur, periculum esse, ne interirent.

---

1 *Xenophon, Xenophontis:* Xenophon (Der athenische Schriftsteller Xenophon hatte sich auch dem Heer des Kyros angeschlossen und dieses nach der Katastrophe in die Heimat zurückgeführt.)

Kap. 25 – 28

Satzwertige Konstruktionen als <u>Satzglieder</u>
Gliedsätze als Satzglieder (Zusammenfassung)
interest, refert
Verwendung der Partizipien (Wiederholung)

A a. *Der christliche Schriftsteller Laktanz fasst seine Wertung über Kaiser Diokletian so zusammen:*

Diocletianus, qui scelerum inventor et malorum machinator fuit, ne a Deo quidem manus potuit abstinere. Hic orbem terrae simul et avaritia et timiditate subvertit.

Du kannst den Text übersetzen, ohne alle Wörter, die darin vorkommen, gelernt zu haben; beachte folgende Hilfen:

- inventor: *vgl.* orare - orator, scribere - scriptor.
- machinator: *Denke an den Sinn des Satzes, an das Fremdwort 'Maschine' und die Bedeutung des Suffixes -* (t)or.
- timiditas: *vgl.* utilis - utilitas, gravis - gravitas.
- sub-vertere: *vgl. die Bedeutung von* sub-ducere *und* sub-levare.

b. *Übersetze die Partizipien in der angegebenen Sinnrichtung:*
1. Serva in ius vocata a praetore multis de rebus interrogata est. *(temporal)*
2. Imperator novum amphitheatrum aedificans a civibus laudabatur. *(kausal)*
3. Hospites ad cenam vocati non venerunt. *(konzessiv)* 4. Ille vir consul creatus libertatem rei publicae defendet. *(kondizional)* 5. Nonnulli magistratus praetorem adiuturi in provinciam mittuntur. *(final)*

c. *Welchen Sinn gibt Tarquinius Superbus den Partizipien?*
Trage jeweils die Sinnrichtung ein (sechs verschiedene Sinnrichtungen sind zu finden).
Löse bei der Übersetzung jedes Partizip mit zwei Möglichkeiten auf (z.B. Präpositionalausdruck, Adverbialsatz):

1. Tarquinius crudeliter regnans cives terruit. (_____)

2. Romani Tarquinium crudeliter regnantem expulerunt. (_____)

3. Tarquinius regno expulsus Romam reliquit. (_____)

4. Romani libertatem vindicaturi duo consules creaverunt. (_____)

5. Cogitabant: Illi omnibus civibus consulentes libertatem servabunt.
(_____)

6. Romani rei publicae assidue consulentes libertatem postea iterum amiserunt.
(_____)

Sandsteinrelief des hl. Martin (um 1240), genannt „Bassenheimer Reiter"

B Aus der Martinslegende

Quodam hiemis tempore Martino[1], cum nihil praeter arma et simplicem militis vestem haberet, obviam iit pauper nudus[2]. Qui cum praetereuntes, ut sui misererentur, oraret omnesque virum miserum praeterirent, Martinus, vir dei plenus, intellexit sibi illum reservari[3]. Quid autem ageret? Nihil praeter chlamydem[4] habebat. Arrepto itaque ferro vestem dividit et partem pauperi tribuit, reliquam partem rursus induit.

Cum somno se dedisset, Christum parte chlamydis suae, qua pauperem texerat, vestitum esse vidit auditque eum voce clara loquentem: „Martinus hac me veste texit." Eo modo dominus se a Martino vestitum esse professus est. Et ad confirmandum tam boni operis testimonium in eodem habitu, quem pauper acceperat, dominus se ostendit. Qua visione[5] Martinus providentiam dei cognoscens, cum esset annorum duodeviginti, baptizari[6] se fecit.

---

1 *Martinus,-i:* Martin (Sohn eines römischen Militärtribuns und selbst zum Soldatenberuf verpflichtet) – 2 *nudus (hier):* ohne Oberkleid – 3 *reservare:* aufbewahren, aufsparen – 4 *chlamys, -idis:* Chlamys, Kriegsmantel – 5 *visio,-onis:* Erscheinung, Anblick – 6 *baptizare:* taufen

C Das Mailänder Edikt

Am 13. Juni 313 richteten Kaiser Konstantin und sein Mitkaiser Licinius ein zur Veröffentlichung bestimmtes Schreiben an den Kanzleichef der asiatischen Provinz Bithynien, in dem den Christen Gleichberechtigung neben den Heiden garantiert wurde.

Cum et ego, Constantinus Augustus, et etiam ego, Licinius Augustus, apud Mediolanum[1] convenissemus, universa, quae ad securitatem[2] publicam pertinerent, tractavimus. Haec imprimis ordinanda[3] esse credidimus, ut daremus et Christianis et omnibus liberam facultatem sequendi eam religionem, quam quisque sibi aptissimam esse sentiret. Neque quemquam a fide Christiana avertemus.
Quare omnium nostrum interest ea removere, quae prius scriptis de Christianis continebantur[4] et quae sinistra[5] et a nostra clementia aliena esse videbantur. Nunc unusquisque eorum, qui voluntatem observandae religionis Christianae habent, libere et simpliciter eam observet.

1. *Analysiere den ersten Satz des Textes, indem du mit verschiedenen Farben Haupt- und Nebensatzprädikate und die entsprechenden Nebensatzeinleitungen unterstreichst.*

2. *Bestimme die jeweilige Satzgliedfunktion der AcI-Konstruktion „Haec ... esse" (Z.3) und des Infinitivs „removere" (Z.6).*

3. *Du hast bereits acht Verben gelernt, die zum Wortfeld „meinen/glauben" gehören. Wie viele fallen dir ein? Auch hier hilft der Text.*

4. *Worauf nimmt vermutlich der Ausdruck „prius scriptis" inhaltlich Bezug?*

5. *Informiere dich in einem Lexikon über Kaiser Konstantin. Inwiefern kommt ihm in der Auseinandersetzung Roms mit den Christen besondere Bedeutung zu?*

Darstellung Konstantins auf einem Medaillon. Rechts das Szepter als Zeichen der weltlichen Macht, vorne auf dem Helm das Christuszeichen ☧.

---

1 *Mediolanum,-i:* Mailand – 2 *securitas:* Sicherheit – 3 *ordinare:* gesetzlich regeln – 4 *contineri aliqua re:* enthalten sein in – 5 *sinister,tra,trum (hier):* unpassend

D *I. Übersetzung:*

Der verflixte Zaubertrank

1. Asterix et Obelix, qui in vico quodam Galliae habitabant, Caesari totam Galliam occupaturo fortiter pugnando resistebant
2. Periculis enim impendentibus Miraculix Druida[1] - incredibile est auditu - incolis potionem magicam[2] ad vires augendas parabat.
3. Idcirco Romani sibi celeriter agendum esse rati illum deprehenderunt, cum aliquando herbarum carpendarum causa in silvam exisset.
4. In castra Caesaris abstractus et potionem magicam parare coactus Miraculix obtemperavit; potione[3] autem mutata effecit, ut capilli Romanorum terribili modo crescerent.
5. Facultate in vicum redeundi data druida[1] Romanis denique remedium declaravit.

II. Fragenteil:

1. *Suche aus dem Übersetzungstext je ein Beispiel für folgende Konstruktionen:*
   a. Supin   b. Ablativus absolutus
   c. Prädikatives Gerundiv   d. Participium coniunctum   (2BE)

2. *Welcher Gliedsatz aus dem Übersetzungstext ist als Adverbiale verwendet, welcher als Objekt?*   (2BE)

3. *Forme den folgenden Satz in eine Gerundivkonstruktion um:*
   Nos diligentiam adhibere debemus.   (2BE)

4. *Bilde die entsprechende Indikativform zu* purgaveris.   (1BE)

5. *Leite drei Wörter in den folgenden englischen Sätzen aus dem Lateinischen ab (latein. Wort mit dt. Bedeutungen):*
   - *Wait a moment, please!*
   - *With this machine you can clean your car.*
   - *The constitution gives religious freedom to everyone.*   (3BE)

6. *Ermittle die Bedeutung von* interesse *in den folgenden Sätzen:*
   a. Discipulos multa discere magistri interest.
   b. Etiam magistri ludis intererant.   (2BE)

---

1 *druida, -ae m.:* der Druide (ein keltischer Priester) – 2 *potio magica:* der Zaubertrank – 3 *potio,-onis:* der Trank

Kap. 29 – 32
Verschränkte Relativsätze
Perfektopräsentien, Semideponentien
Gliedsätze (Wiederholung)

A a. *Stelle alle Formen der Pronomina* idem *und* hic, *die in L 29 vorkommen, zusammen und bestimme sie nach Kasus, Numerus und Genus.*

b. *Erkläre für L 29, Z.5-17, die Verwendung der Tempora in den Hauptsätzen.*

c. *Was bedeutet* quin?
1. Socrates non recusavit, quin venenum hauriret. 2. Non me teneo, quin te reprehendam. 3. Fieri non potest (facere non possumus), quin subveniamus. 4. Non dubito, quin verum dicas.

d. *Nach der Dezimierung der Thebäischen Legion:*
Fidelium commilitonum *(Kameraden)* et iam martyrum exempla memorans socios illos esse sequendos Mauricius dicebat, qui iam in caelum praecessissent.

Dieser Satz läßt sich folgendermaßen analysieren:

fidelium ... exempla memorans	Adverbiale (Partizip)
Mauricius dicebat	Subjekt + Prädikat
socios illos esse sequendos	Objekt (AcI)
qui iam ... praecessissent	Attribut (Relativsatz)

Analysiere ebenso den folgenden Satz zu Maximians Reaktion auf die Befehlsverweigerung der Thebäischen Legion:
His deinde compertis Maximianus omni bestia cruentior ad ingenii sui saevitiam (!) revertitur atque imperat, ut iterum decimus eorum morti detur.

e. *Und das Ende Maximians?*
Operae pretium est etiam illud referre, qui deinde exitus Maximianum atrocem tyrannum consecutus sit: Cum imperio cedere coactus esset, etiam genero suo Constantino tunc regnum tenenti mortem moliebatur. Deprehensis autem insidiis captus est et impiam vitam digna morte finivit.

f. *Schuld war die schöne Helena!*
Ersetze die unterstrichenen Prädikate durch passende Formen von audere, gaudere, solere, confidere *und* reverti:

1. Paris Helenam e Graecia rapere <u>conatus est</u>. (_____)

2. Tum cum illa muliere Troiam <u>rediit</u>. (_____)

3. Paris tali femina capta <u>laetus fuit</u>. (_____)

4. Sed Graeci iniuriam accipere non <u>consueverant</u>. (_____)

5. Graeci ad Troiam pugnantes imprimis Achilli <u>fidem habuerunt</u>
(_____), qui adversarios fugare <u>consuevit</u>. (_____)

6. Denique Graeci post victoriam Helenam adepti <u>laeti erant.</u>

(_____)

B Karl und Aigolandus - der Sinn der Geschichte

Die Verfasser der Biographie Karls des Großen (L 31, 32) erläutern, was sie mit der Episode um Aigolandus ausdrücken wollten:

Hinc animadvertendum est, quantam culpam Christianus quilibet sibi pariat, qui pauperibus non studiosissime serviat.

Carolus Aigolandum et gentem eius perdidit eo, quod pauperes male tractavit. Quid erit die iudicii de his, qui pauperes male tractaverunt? Audient Domini vocem terribilem dicentem: „Discedite a me, maledicti *(Verfluchte)*, quia esurivi *(Ich hungerte)* et non dedistis mihi manducare *(zu essen)*!"

Sicut Aigolandus baptismum reppulit idcirco, quia baptismi opera recta[1] non invenit in Carolo, sic timeo, ne Dominus die iudicii in nobis repudiet baptismum idcirco, quia baptismi opera non invenit.

C Eine unheimliche Nacht

Vom alttestamentlichen König Belsazar (lat. Balthasar) wird folgende Geschichte erzählt:

Olim Balthasar rex amicis suis, ut solitus erat, convivium paravit. Subito vino fervidus imperavit, ut afferrentur vasa aurea et argentea, quae patrem de templo Dei altissimi, quod erat in Ierusalem[2], raptavisse cognoverat. Ubi ministri reverterunt, rex et convivae e vasibus sacris bibere ausi sunt. Praeterea deos suos aureos et argenteos et aereos[3] et ferreos et ligneos et lapideos laudaverunt.

Eadem hora apparuerunt digiti quasi manus hominis scribentes aliquid in pariete domus regiae. Cum naturā homines rebus, quas quomodo fiant nesciunt, magis moventur, quam si eas intellegunt, omnium timor tantus erat, ut sedari non posset. Etiam rex verens, ne periculum instaret, viros sapientes adduci iussit, qui signa interpretarentur[4]. „Quicumque legerit", inquit, „haec verba, tertius in regno meo erit." Sed nemini contigit, ut signa legeret.

Tum regina meminerat Danielem[5] quendam in regno esse, quem somnia interpretandi peritissimum esse audiverat. Qui regi haec dixit: „Cum unum Deum altissimum potestatem habere in regnis hominum scires, tamen idola colens eum aspernatus es. Itaque fieri non potest, ut posthac regnum tuum retineas." Profecto eadem nocte rex interfectus est.

---

1 *baptismi opera recta:* gemeint ist ein Verhalten, das den Grundsätzen christlicher Menschenliebe entspricht – 2 *Ierusalem (indekl.):* Jerusalem – 3 *aereus, ferreus, ligneus, lapideus:* Adj. zu *aes, ferrum, lignum, lapis* – 4 *interpretari:* deuten, erklären – 5 *Daniel,-elis:* Daniel (alttest. Prophet)

Daniel deutet die Schriftzeichen an der Wand. (Holzschnitt)

1. *Bestimme das Tempus der Verbformen* solitus erat, ausi sunt *und* meminit *und bilde alle weiteren möglichen Tempora im Indikativ und Konjunktiv.*

2. *Welche Übersetzungsmöglichkeiten für verschränkte Relativsätze kennst du? Erkläre mindestens zwei davon anhand des ersten Textbeispiels (Z. 2f.).*

3. *In Wortschatz 29 und 32 hast du gelernt, welche Fremdwörter von den Vokabeln* idolum *und* liberalis *abzuleiten sind. Versuche den inhaltlichen Zusammenhang zwischen der gelernten Bedeutung und der des jeweiligen Fremdwortes zu erklären.*

4. *Folgende Zeilen stammen aus Heinrich Heines Ballade „Belsazar". Vergleiche den Inhalt des Textausschnittes mit der oben übersetzten Bibelstelle. Welche Gemeinsamkeiten, welche Unterschiede erkennst du?*

> Er trug viel gülden Gerät auf dem Haupt.
> Das war aus dem Tempel Jehovas geraubt.
> Und der König ergriff mit frevler Hand
> Einen heiligen Becher, gefüllt bis am Rand.
> Und er leert ihn hastig bis auf den Grund
> Und rufet laut mit schäumendem Mund:
> „Jehova, dir künd ich auf ewig Hohn —
> Ich bin der König von Babylon!"

34

5. *Dem Bibeltext zufolge entziffert Daniel die Schriftzeichen an der Wand als „mene mene tekel u-parsin ". Nach seiner Deutung heißen die Worte „gezählt, gezählt" (d.h. die Tage der Königsherrschaft Belsazars sind gezählt), „gewogen" (d.h. der König ist - im übertragenen Sinne - gewogen und zu leicht befunden) „und geteilt" (d.h. sein Reich wird zwischen anderen Völkern geteilt).*

Was verstehen wir wohl heute unter einem Menetekel?

D Der Gordische Knoten

1. Seditione olim inter Phryges[1] orta oraculum principibus imperavit, ut civitati praeficerent eum, qui plaustro[2] vehens templum Iovis adiret.
2. Tum autem Gordius[3], cui prodigium visum erat, ad consulendos sacerdotes in urbem revertit.
3. Quem cum Phryges plaustro vehentem conspexissent statimque regem fecissent, ille plaustrum in templo positum Iovi consecravit.
4. Multo post oracula eum, qui nodum[4] in iugo plaustri factum[5] solvisset, tota Asia regnaturum proposuerunt.
5. Alexander Magnus, qui hoc oraculum cognoverat, urbe Phrygum capta templum petivit et nodum, quo maiorem numquam antea viderat, inquirebat.
6. Cum autem capita lororum[6] intra nodum abdita reperire non posset, gladio usus nodum vi solvit: „Nihil", inquit, „interest, quomodo nodi solvantur."

---

1 *Phryges, -um:* die Phrygier (ein thrakisches Volk) – 2 *plaustrum, -i:* der Wagen – 3 *Gordius:* Gordius (sagenhafter König von Phrygien) – 4 *nodus, -i:* der Knoten – 5 Die Riemen des Gespanns waren um das „Joch" zu einem unentwirrbaren Knoten verwickelt. – 6 *capita lororum:* die Enden der Riemen

Inhalt

LÖSUNGEN

1-4

A a. Eindeutige Konjunktivformen: videam, maneam, nunties, viserem, inspiciamus, agant
Zweideutige Formen: ostendam, moriar, pellam, sequar (Konj.Präs. oder Fut.I); carpserit, docuerint (Konj.Perf. oder Fut.II); [monet: Ind.Präs.]
b. 1. studeamus: Lasst uns nach Bildung streben! (Wir dürften uns um Bildung bemühen.) 2. dicatis: Hoffentlich sagt ihr die Wahrheit! (Sagt, bitte, die Wahrheit! Ihr sagt wohl die Wahrheit.) 3. ferat: Jeder soll sein Los tragen! (Jeder dürfte sein eigenes Schicksal tragen.) 4. dicerem: Niemals würde ich dies sagen. 5. redeant: Die Soldaten sollen (dürften) ins Lager zurückkehren. 6. maneas: Hoffentlich bleibst du in Rom! 7. neglegamus: Lasst uns die Gefahren vernachlässigen! (Wir könnten die Gefahren vernachlässigen.) 8. sitis: Hoffentlich seid ihr immer glücklich! (Ihr werdet wohl immer glücklich sein.) 9. surgamus: Lasst uns aufstehen!
c. du gehorchst - du mögest (sollst) gehorchen - wenn du (doch) gehorchen würdest - du bereitest vor - ein Teil - wir vermehren (vergrößern) - wir wagen - lasst uns hören - ich würde wagen - ich würde (zu)hören - einen wagemutigen (Akk.) - er hört - er förderte (Perf.) - hoffentlich hat er gefördert (vermehrt) - du hörst - du wirst gehört - du dürftest (wirst wohl) hören.
d. Claudius und Felix zögern nie, den Zorn des Lehrers zu erregen. Claudius: „Lasst uns das Fahrrad des Lehrers wegbringen! Der Lehrer soll zu Fuß gehen!" Felix: „Aber wo sollen wir das Fahrrad verstecken?" Claudius antwortet lachend: „In der Schule selbst dürfte er (wird er wohl) das Fahrrad nicht suchen. Aber verrate nichts!"
e. 1. Prohibitiv: Lass die Gelegenheit, mehrere Sprachen zu lernen, nicht vorübergehen! 2. Potentialis der Gegenwart: Alle dürften durch Übung viel lernen. / Irrealis der Gegenwart: würden...lernen. 3. Hortativ: Lasst uns einen geeigneten Platz zum Spiel suchen! 4. Optativ der Gegenwart, unerfüllbar: Wenn doch das Mädchen die Lateinvokabeln lernen würde! / Optativ der Vergangenheit, unerfüllbar: ...gelernt hätte! 5. Optativ der Gegenwart, erfüllbar: Hoffentlich gibst du deinen Eifer, gute Bücher zu lesen, nicht auf!
f. amitterem, moveres (movisses), accusaremur, traduxisset, abirent (abissent), veniremus (venissemus), abderes, curavissem, nesciret
g. Aufforderung in der Kirche: Oremus! Rechtsregel: Audiatur et altera pars! Schülerwunsch (erf.): Ne sit tam severus paedagogus! Elternwunsch (unerf.): Utinam omnes linguas disceres!
h. 1. Akk. der Richtung /Adverbiale des Ortes 2. Akk. der Ausdehnung /Adverbiale der Zeit 3. Dat. des Zwecks /Prädikatsnomen 4. Gen. der Beschaffenheit /Attribut 5. Gen. des geteilten Ganzen (partitivus) / Attribut 6. Gen. der Zugehörigkeit /Prädikatsnomen 7. Abl. des Grundes /Adverbiale 8. Abl. der Trennung /Adverbiale

B
S: He, warum schaust du so traurig? Los, eilen wir in die Schule!
K: Ich Armer! Warum soll ich mich mit der lateinischen Sprache beschäftigen, welche in unserer Zeit (in unseren Zeiten) niemand mehr benutzt?
A: Wenn du die Worte (den Worten) des Lehrers gehört (zugehört) hättest, könntest du einige Gründe aufzählen, durch welche die Schüler veranlasst werden, die Mühen gerne auf sich zu nehmen.
K: Mögen die Götter ihnen helfen! Mich (ver)schont!
A: Die Römer können als unsere Vorfahren bezeichnet werden, deren Spuren man auch in unserer Stadt findet (deren Spuren ... gefunden werden). Ich wollte, du würdest die Inschriften der Denkmäler betrachten. Wie sehr würde es dich erfreuen, sie zu lesen!
K: Die Römer lebten (waren) viele Jahre vor uns. Ich allerdings lebe heute!
J: Wer hätte geglaubt, dass nicht nur viele neue Sprachen von der lateinischen Sprache abstammen, sondern dass sich auch lateinische Wörter mit unserer Sprache vermischt haben?
A: Außerdem sollen Schriftsteller und Philosophen unserer Zeit(en) von Griechen und Römern gelernt und diese nachgeahmt haben.

1

K: Dennoch wird wohl (dürfte) kaum jemand zweifeln, dass die Beschäftigung mit (Genitiv!) dieser Sprache eine schweißtreibende Angelegenheit (eine Sache von viel Schweiß) ist.

J: Mögen die alten Sprachen auch schwierig sein, durch nichts aber wird das Gedächtnis mehr trainiert und der Verstand geschärft.

A: Versäume also nicht die Gelegenheit diese Sprache zu lernen!

C   Ich habe dir, mein Freund, einen Brief geschrieben, nachdem wir die Alpen überquert haben und nach Rom gekommen sind. Hier wohnen wir in der Villa des Großvaters, der sich sehr um unser Wohlergehen bemüht und allen meinen Wünschen besonders gewogen ist.

Wer hätte geglaubt, dass mir die Heimat nun so fremd ist? Hätte Vater Deutschland doch niemals verlassen! Ich erinnere mich an frohe Stunden, in denen ich mit der Schar meiner Freunde durch die Wälder gewandert bin, in welchen wir durch Spiele unsere Körper trainiert haben und uns im Garten eueres Hauses ausgeruht haben. Gerne würde ich zu euch zurückkehren! Denn niemand wird wohl (dürfte) leugnen, dass die Heimat dort ist, wo man (wir) Freunde hat (haben).

Auch die lateinischen Lektionen würde ich zusammen mit euch fleißig lernen. Ihr besucht nun die vierte Klasse des Gymnasiums und habt viel zu arbeiten (plagt euch mit viel Arbeit). Seid aber dennoch fröhlich, denn die lateinische Sprache ist, wie mein Großvater sagt, einem hitzigen und stolzen Pferd ähnlich. Zuerst verzweifelt der Reiter, bald aber gehorcht das Pferd, auch wenn es noch so trotzig (ein noch so trotziges Pferd) ist, dem Reiter gerne. Fürchte du, mein Freund, deshalb die Gräben und Sümpfe nicht! Jenes Pferd möge dich bis zum Ziel (Ende) tragen!

Sei bezüglich unserer Freundschaft guter Dinge (guten Mutes)! Hoffentlich schickst du mir einen Brief! Das wird mir viel bedeuten (wert sein). Auch wenn ich (Mag ich auch ...) viele Meilen von dir entfernt bin, werde ich dennoch niemals aufhören, dein Freund zu sein. Lebe wohl!

1. Rimini, Istanbul, London, Paris, Marseille, Mailand, Nizza, Wien

2. habitus: Aussehen, Kleidung; absurdus: misstönend, unpassend; doctor: Lehrer; cavus: hohl, gewölbt; indignus: unwürdig; lectio: Lesen, Lektüre, Lektion

3. brevis, e: kurz; crudelis, e: roh, grausam; difficilis, e: schwierig, schwer; gravis, e: schwer, gewichtig, ernst; humilis, e: niedrig, gering; immortalis,e: unsterblich; inanis, e: leer, nichtig; incolumis, e: unversehrt, heil; innumerabilis, e: unzählbar, zahllos; nobilis, e: berühmt, vornehm, adelig; utilis, e: nützlich, brauchbar

4. crederet (Z. 4): Potentialis der Vergangenheit, deseruisset (Z. 5): Optativ der Vergangenheit (unerfüllbar), redirem (Z. 7): Irrealis der Gegenwart, negaverit (Z. 7): Potentialis der Gegenwart, discerem (Z. 9): Irrealis der Gegenwart, sitis (Z. 10): Optativ der Gegenwart (erfüllbar), ne timueris (Z. 13): Prohibitiv, ferat (Z. 13): Optativ der Gegenwart (erfüllbar), simus: (Z. 14) Hortativ, mittas (Z. 14): Optativ der Gegenwart (erfüllbar), absim (Z. 15): Konzessiv der Gegenwart

5. Die lateinische Sprache wird mit einem schwer zu zügelnden Pferd verglichen. *Fossae* und *paludes* stehen sinnbildlich für die Hürden bzw. Schwierigkeiten, die es beim Lernen zu überwinden gilt.

D   1. König Philipp hatte seinem tatkräftigen Sohn schon als jungem Mann ein Heer anvertraut. 2. Niemand dürfte (wird wohl) leugnen, dass Alexander nicht nur bereit war zu kämpfen, sondern auch gerne das Leben der Soldaten geführt hat. 3. Es ist bekannt, dass er (dieser) nach der Ermordung seines Vaters König der Makedonen wurde; dann fasste er den Plan, die Perser anzugreifen. 4. Es wissen wohl alle (dürften...wissen), wie schnell er die Perser, die sich (obwohl diese sich) tapfer widersetzten, besiegt und viele Gegenden Asiens besetzt hat. 5. Außerdem brach er nach Ägypten auf, das er kampflos (ohne Kampf) in seine Gewalt bekam. Damals hätte man glauben können, dass jener die ganze Welt erobern wolle. 6. Dann stachelte er - begierig Krieg zu führen - in heftigen Reden seine Soldaten (die Herzen der Soldaten) an, dass sie auch nach Indien eilten (strebten). 7. Dort aber beklagten sich die Soldaten wegen der ungewohnten Mühen sehr: „Wenn wir doch nicht in diese Gegenden aufgebrochen wären!"

5-8

A   a. Gerundiv: locus ad castra collocanda aptus - ein für das Aufschlagen (Aufstellen) des Lagers geeigneter Platz; amici adiuvandi causa - um dem Freund zu helfen; ad oppidum oppugnandum - um die Stadt anzugreifen (zum Angreifen der Stadt); de gloria adipiscenda disputare - über das Erlangen von Ruhm diskutieren; ad puellam instruendam diligentiam adhibere - zur Unterweisung des Mädchens Sorgfalt anwenden; ad labores ferendos educare - zum Aushalten von Mühen erziehen; in libris legendis - bei der Lektüre (beim Lesen) der Bücher;

Gerund: occasio ludos spectandi - Gelegenheit die Spiele zu sehen; modus vivendi - Lebensweise; studiosus audiendi - eifrig beim Zuhören; scientia dolorem leniendi - Kenntnis über die Linderung des Schmerzes; hostes aggrediendo socios adiuvare - durch den Angriff auf die Feinde den Verbündeten helfen; cupidus amicam videndi - begierig die Freundin zu sehen

b. exercere: Z.8 plagen, ärgern, Z.12 üben, trainieren;
weitere Verben (z.b.): animadvertere, appetere, augere, capere, committere, comparare, conicere, consulere, contendere, impendere, laborare, praestare, providere, temperare ...

c. monituri: Nom.Pl./Gen.Sg. m. des Part.Fut. zu monere - monendi: Gen. des Gerundiums - monentis: Gen.Sg. des Part.Präs. - monitis: Dat./Abl. Pl. des PPP
emendanda: Nom./Abl.Sg. f. (Nom./Akk.Pl. n.) des Gerundivs - emendata: Nom./Abl.Sg. f. (Nom./Abl.Pl. n.) des PPP - emendatura: Nom./Abl.Sg. f. (Nom./Akk.Pl. n.) des Part.Fut.
amici diligendi: Gen.Sg./Nom.Pl. m. (des Gerundivs) - amici diligentis: Gen.Sg. m. (des Part.Präs.) - amico diligenti: Dat./Abl.Sg. m. (des Part.Präs.)
studium discendi: Gerund im Gen. als Attribut - studium discentis: Gen.Sg. des subst. Part.Präs. als Attribut - studendo discimus: Gerund im Abl. als Adverbiale

d. a-3; b-6; c-5; d-1; e-2; f-4

e. tadelnswerte Schüler, ein lesenswertes Buch, ein liebenswertes Kind, schützenswerte Tiere

f. Participium coniunctum, Gliedsatz, Gerundiv, Dativus finalis, Präpositionalausdruck mit Gerundivkonstruktion. In allen Beispielsätzen wird finale Sinnrichtung zum Ausdruck gebracht.

g. parcendum (1): Die Besiegten müssen geschont werden. - restituendum (2): Der Konsul ließ die Brücke wiederherstellen. - fruendum (3): Man darf nicht alle Vergnügungen genießen. - diripienda (4): Die Wohnungen (Wohnsitze) der Bürger werden den Soldaten zum Plündern übergeben.

B Die Schule, in der ich mich derzeit (jetzt) aufhalte, besucht eine riesige (sehr große) Menge Kinder. Obwohl man (sie) diese Schule „Gymnasium" nennt (nennen), trainiert man (trainiert sie) dort nur ganz wenige Stunden die Körper. Meist sitzen mehr als 30 Schüler in einer Klasse, und sie (diese) müssen viele (und) verschiedene Dinge lernen.

Die Lehrer, die die Schüler in diesem Gymnasium unterrichten, wissen wohl nicht viel (düften...wissen); denn sie kennen sich nur in zwei Fächern aus (sind...kundig). Manche Lehrer bemühen sich auch um den Unterricht (das Unterrichten) der lateinischen Sprache. Betrübt bin ich (darüber), dass ziemlich viele (mehrere) Schüler das Studium der griechischen Sprache vernachlässigen, ja sogar verschmähen.

Morgens werden die Kinder in Bussen (sehr großen Fahrzeugen) in die Schule gebracht, und keinem folgt ein Sklave, der die Tafel und die Griffel trägt. Im Gegenteil - große und schwere Ranzen müssen die Buben und Mädchen tragen.

Manche Schüler schreien nicht nur, um die Lehrer zu reizen, sondern sie gebrauchen sogar böswillige Beleidigungen. Die Lehrer hingegen (aber) bestrafen diese weder mit Ruten noch erheben sie lautes (großes) Geschrei, sondern sie informieren (benachrichtigen) manchmal die Eltern der Kinder mit einer Art (einem gewissen) Brief über die Untaten (Beleidigungen).

C Der König hatte einen kräftigen (starken) Körper, große Augen, eine etwas lange Nase (eine Nase, die ein wenig über das Mittelmaß hinausragte), schönes Haar und ein fröhliches und heiteres Gesicht.

Er trainierte seinen Körper beständig duch Jagen und Schwimmen. Deshalb ließ er einen sehr großen (geräumigen) Königspalast errichten und verbrachte dort seine letzten Lebensjahre. Und er lud nicht nur seine Söhne, sondern auch Adelige und Freunde zum Baden ein.

Und (da er) nicht nur mit seiner Muttersprache zufrieden (war), verwendete er auch Mühe auf das Erlernen fremder Sprachen. Die freien Künste pflegte er äußerst eifrig. Besonders für das Erlernen der Astronomie nahm er sich viel Zeit und Mühe.

Er war der Meinung, dass seine Kinder so unterrichtet werden müssen, dass sowohl die Söhne als auch die Töchter eine Ausbildung in den freien Künsten erhalten (in den freien Künsten ausgebildet werden). Bei der Erziehung verwendete er so viel Sorgfalt, dass er niemals zu Hause ohne Kinder speiste und niemals ohne sie eine Reise machte.

Die christliche Religion hielt er mit großer Frömmigkeit in Ehren. Deshalb errichtete er eine wunderschöne Basilika (eine Basilika von höchster Schönheit) und schmückte sie mit Gold und Silber. Zu ihrer Erbauung ließ er Säulen und Steine aus Rom und Ravenna herbeibringen.

Einst musste Papst Leo, dem von den Römern viel Unrecht zugefügt worden war (der viel Unrecht der Römer erfahren hatte), den König um Hilfe anflehen (die Hilfe des Königs erflehen). Deswegen kam er nach Rom, um den Zustand der Kirche wiederherzustellen, der allzu sehr in Verwirrung geraten war. In dieser Zeit erhielt er den Kaiser- und Augustus-Titel.

1. Ablativus qualitatis, Ablativus temporis, Genitivus partitivus, Genitivus qualitatis
2. impensum, cultum, sumptum, exstructum, acceptum
3. exstruendam (Z.5): prädikativ, discendis (Z.9): attributiv, discendam (Z.11): attributiv, instituendos (Z.12):

prädikativ, aedificandam (Z.18): attributiv, ap-portandos (Z.18): prädikativ, implorandum (Z.20): prädikativ, reficiendum (Z.20): attributiv

Im Text sind drei Gerundien enthalten: venando (Z.4), natando (Z.4), educando (Z.13)

4. Karl der Große (Karolus Magnus) hat sich um das Reich der Franken (regnum Francorum) sehr verdient gemacht: Er hat es in seinem Umfang vergrößert (ampliavit) und eine 47 Jahre lange (per annos XLVII) segensreiche Regentschaft (feliciter rexit) vorzuweisen.

5. Ein mächtiger Zeitgenosse kann „vor der eigenen Haustüre" leicht zur Gefahr werden. Wenn man ihn sich zum Freund macht, ist die Gefahr gebannt.

D 1. Einst schickten die Milesier einige Gesandte nach Athen, um Hilfe zu erbitten. 2. Aber was auch (immer) die Gesandten vorbrachten, es nützte nichts (sie kamen keineswegs voran). Demosthenes wies nämlich ihre (deren) Bitten heftig zurück: „Helft den Milesiern nicht, Athener! Es ist unglaublich zu hören, dass diese Bürgerschaft von uns Hilfe erbittet. Deshalb sollen auch die Gesandten möglichst schnell nach Hause zurückkehren!" 3. Aber dennoch suchten die Gesandten am Abend heimlich Demosthenes auf, um auf jede erdenkliche Weise seine Meinung zu ändern. Damals soll Demosthenes wirklich Geld von den Milesiern erhalten haben. 4. Am folgenden Tag trat Demosthenes - bekleidet mit einem Wollschal - in die Öffentlichkeit (vor) und legte den Mitbürgern Folgendes dar: „Ich meinerseits kann über die Zurückweisung der Bitten der Milesier nicht sprechen, da ich an Heiserkeit leide."
5. Plötzlich schrie aber einer aus dem Volk mit tadelnder Stimme (tadelnd): „Wer sollte (könnte) glauben, dass du an Heiserkeit leidest? Im Gegenteil: dass du an „Geldkrankheit" leidest, ist offenkundig!"

9-12

A a. 1. Anaximenes und Diogenes sagten, dass die Luft der Grundstoff (der Urgrund) der Dinge sei, woraus (aus der) alles entstehe. 2. Epikur meint, dass sich Atome miteinander vereinigen, um all das zu bewirken, was ist und was man sieht. 3. Obwohl Xenophanes sagte, dass es Götter gebe, verneinte er dennoch, dass man durch Weissagekunst irgendetwas in Erfahrung bringen könne. 4. Es gibt kein Lebewesen außer dem Menschen, das irgendeine Kenntnis von Gott hat. 5. Wen gibt es, der nicht sieht (sähe), welch große Kraft in den Sinnen steckt (ist). 6. Die Natur gab dem Menschen die Vernunft, mit der die Begierden gelenkt werden sollten (um damit die Begierden zu lenken). 7. In der Vielzahl der Philosophen findet man sicher keine (nicht solche), die in allen Punkten (Dingen) übereinstimmen.
Obliquer Konjunktiv: fierent, sint, cernantur
Adverbiale Sinnrichtung: diceret (konzessiv), habeat (konsekutiv), cernat (konsekutiv), regerentur (final), consentiant (konsekutiv)
b. 1. Oft liefen Menschen in die Amphitheater zusammen, um die Spiele zu sehen (die die Spiele sehen wollten): final (ut) 2. Aber Seneca, der ja (weil er) solche Schauspiele verachtete, hielt sich dort nicht auf: kausal (cum) 3. Denn er war nicht der Mann, der sich an Grausamkeit erfreute (durch Grausamkeit erfreut wurde): konsekutiv (ut)
c. 1. Quae/ut: Der Anführer schickte eine Legion, die das Lager der Feinde angreifen sollte. 2. Qui/ut: Es kamen Gesandte der Feinde, um Frieden zu erbitten (die um Frieden bitten sollten). 3. Qui/cum: Da Cato die Griechen verachtete, warnte er seinen Sohn (davor), griechischen Ärzten zu vertrauen (mahnte er..., ...nicht zu vertrauen). 4. Qui/ut: Manche Römer kauften griechische Sklaven, die ihre Kinder erziehen sollten (damit sie...erzogen).
d. a quibus...pervenerit (Z.8); quod...didicerimus (Z.13); quae Plato...senserit (Z.14); qui...studuerit (Z.17)
e. Signalwort *tam* im übergeordneten Satzteil verweist auf konsekutive Sinnrichtung.
f. Wie viele Elemente gibt es? Demokrit sagte, dass es unendlich viele Elemente gebe, Anaxagoras (meinte, es gebe) nur eines. Aber die älteste gemeinsame Meinung ist, dass es außer dem Himmel vier einfache Körper gibt: Feuer, Luft, Wasser und Erde.
g. Hier sind Max und Moritz gemeint.
h. Der Schüler hat das Partizip (gefesselt) irrtümlicherweise auf die Wächter (vincti) statt auf den Dieb (vinctum) bezogen.

B Themistokles erschien als einziger fähig, sehr gut für die Bürgerschaft der Athener zu sorgen. Als die Perser Griechenland angriffen, meinte Themistokles, man müsse Gesandte nach Delphi schicken, die Rat vom Orakel erbitten sollten (um...zu erbitten).
Dieses riet den Athenern, dass sie sich mit hölzernen Mauern verschanzen sollten. Obwohl die Athener diesen Orakelspruch keineswegs verstanden hatten, zogen sie sich dennoch auf Befehl des Themistokles aus der Stadt auf Schiffe zurück; so besiegten sie die Perser, ein kriegslüsternes (nach Kriegführung begieriges) Volk, in einer Seeschlacht.

Aber auch Folgendes haben wir erfahren: Die Athener beschlossen später, dass Themistokles, der durch seine Weitsicht (sein Vorhersehen) den Bürgern sehr viel genützt hatte, aus der Heimatstadt vertrieben werden müsse.

C Die Philosophen der Griechen gingen darauf aus herauszufinden, wie man das Glück erlangen müsse (...zu erreichen sei). Obwohl viele von ihnen für das stritten, was sie für die Wahrheit hielten, gelangten sie dennoch nicht zum wahren Glück, weil sie der göttliche Einfluss nicht leitete (führte). Daher kommt es, dass sowohl Schüler mit ihren Lehrern als auch Mitschüler untereinander uneins waren, weil sie dies mit menschlichen Sinnen suchten. Waren nicht bei den Athenern sowohl die Epikureer berühmt als auch die Stoiker, obwohl sie (die doch) so Gegensätzliches über die Götter dachten? Deshalb wundere ich mich, weshalb Anaxagoras angeklagt wurde, der gesagt hatte, dass die Sonne kein Gott, sondern ein glühender Stein sei, während in derselben Bürgerschaft Epikur sicher lebte, der glaubte, dass die Sonne nicht nur kein Gott sei, sondern (gar) behauptete, dass überhaupt keiner der Götter auf der Welt wohne, zu dem die Bitten der Menschen gelangten.
Und die einen bekräftigen, dass die Seelen unsterblich sind, die anderen, dass sie sterblich sind. Platon glaubt, dass die Seelen, die Verbrechen begangen haben, in Tieren (Vieh) wiedergeboren werden und so für ihre Verbrechen bestraft werden, bis sie wieder in Menschengestalten zurückkehren. Nicht aber untereinander uneins sind unsere Autoren, die ja (weil sie) die Richtschnur der Heiligen Schrift haben.
1. Die Aufgabe soll dir beim Übersetzen helfen.
2. *Obliquer Konjunktiv:* quam...putarent (Z.2); qui...dixisset (Z.7); ad quem...perveniant (Z.9f.); quae...commiserint (Z.11f.).
Adverbiale Sinnrichtung: qui...sentirent (Z.6): konzessiv; quibus...sit (Z.14): kausal
3. Subjekt: ut dissenserint (Z.4); Objekt: ut invenirent (Z.1)
5. Es fehlte ihnen die divina auctoritas (Z.3f.).
Drei Belege: Epikureer und Stoiker waren in Athen gleichermaßen berühmt (Z.5f.); Anaxagoras wurde angeklagt, Epikur nicht (Z.6-10); Sterblichkeit der Seelen (Z.11).
Christliche Autoren haben die „Richtschnur" der Hlg. Schrift (Z.14).

D I. 1. Es ist bekannt, dass Skopas, der allzu ruhmbegierig war, Simonides eine große Belohnung in Aussicht stellte, damit er ihn in einem Lied (Gedicht) preise. 2. Als Simonides, um das Lied auszuschmükken, auch die Taten von Kastor und Pollux beschrieben hatte, tadelte Skopas, dieser ungebildete Mensch, den Dichter in böswilliger Weise: 3. „Du bist keineswegs würdig, irgendeinen Lohn zu erhalten, da alle hörten, wie (dass) du jene Götter nicht weniger als mich lobtest. Von jenen wirst du also die Belohnung verlangen müssen." Der Dichter schwieg. 4. Wenig später wurde gemeldet, dass zwei junge Männer an der Tür stünden und verlangten, dass Simonides herauskommen solle; der aber ging aus der Villa hinaus und fand niemanden.
II. 1. a. duo iuvenes...petere (Satz 4) b. te audiebant laudantem (Satz 3); c. petendum erit (Satz 3)
2. a. finale Sinnrichtung b. obliquer Konj.
3. a. subtilis,e fein, genau b. proficere vorankommen, nützen
4. a. prospexerimus b. recederes c. elabatur
5. a. sorgen für b. vorhersehen

13-16

A a. An einem gewissen Tag, als die Schüler anwesend waren [adessent: wegen cum], glaubte ich diejenigen tadeln zu müssen, die der Wahnsinn der Spiele ergriffen hatte [cepisset: obliquer Konj. nach AcI]. Alypius dankte mir in höchstem Maße, weil ich auch ihn ermahnt hätte [monuissem: obliquer Konj. der subjektiven Meinung]. Später geschah es, dass jener, der (obwohl er) sich heftig widersetzte [resisteret: obliquer Konj. in konjunktivischer Abhängigkeit oder konzessiver Nebensinn] ins Amphitheater geführt wurde. Alypius bekräftigte, dass er dort „abwesend dabei sei", weil er seinen Sinn nicht auf solche Schauspiele lenken könne [posset: obliquer Konj. der subjektiven Meinung]
b. 1 b, 2 c, 3 b, 4 b, 5 b, 6 c
c. fies - fiam - fit - fiunt - futuros esse
d. 1. „Solange wir uns anständig benahmen, genossen wir angenehme Ferien." 2. „Unterwegs (auf dem Weg) warteten wir immer, bis alle da waren." 3. „Während die Lehrerin sprach, schwiegen die Schüler meist." 4. „Einige nehmen viele Mühen auf sich, wenn sie nur als Erste am Gipfel sind (zum Gipfel gelangen)." 5. „Die Eltern waren voller Furcht, bis wir nach Hause zurückgekehrt sind."
e. 1. fortunatus - 2. illustrare - 3. atque - 4. transitus - 5. vilis - 6. obsecrare - 7. locare - 8. ut - 9. naturalis - 10. tamen - 11. amoenus - 12. sapere - 13. tum - 14. ut primum - 15. argenteus

f. Ein gewisser Zecher wurde, als er Fieber hatte (ins Fieber gefallen war), von recht großem Durst gequält. Sofort rief man Ärzte herbei (wurden ... herbeigerufen), um über die Beseitigung des Fiebers und des Durstes zu beratschlagen. Da äußerte der kranke Mann die Bitte, dass die Ärzte nur das Fieber heilen. „Für den Durst aber", sagte er, „lasst mich die Sorge übernehmen!"

g. Ein Arzt hat drei Gesichter: eines, das Engeln gleich ist, wenn er (um Hilfe) gebeten wird; bald ist er, wenn er hilft, Gott selbst.

Später zeigt er sich, sobald er nach der Heilung der Krankheit (nachdem die Krankheit geheilt wurde) seinen Lohn fordert, als rauher und schrecklicher Satan.

B   Es ist eine gewisse Erzählung überliefert, in welcher veranschaulicht (erklärt) wird, wieviel Freundschaft wert ist. Einst ereignete es sich, dass ein gewisser Damon, als er den Tyrannen Dionysius überfallen wollte, von den Wachen gefasst wurde. Nachdem man ihn zum Tode verurteilt hatte (nachdem er ... verurteilt worden war), flehte er den grausamen Mann an, dass er (noch einmal) weggehen dürfe, weil er, bevor er getötet werde, seine Schwester verheiraten (mit einem Ehemann verbinden) wolle. „Bis ich zurückgekehrt bin", sagte er, „werde ich für mich einen Freund als Bürgen zurücklassen. Der möge sterben, wenn ich nicht Wort halten werde." Da Dionysius glaubte, dass niemand so treu ist, dass er, obwohl er dem Tod entkommen kann, freiwillig die Strafe auf sich nimmt, gewährte er dem jungen Mann einen Zeitraum von drei Tagen. Nachdem Damon an der Hochzeit seiner Schwester teilgenommen hatte, kehrte er möglichst schnell zum Tyrannen zurück, um den Freund zu retten. Und obwohl er auf dem Weg unter größter Gefahr ungeheure Strapazen zu bewältigen hatte (Anstrengungen unternahm), gelangte er dennoch rechtzeitig zur Stadt und gab dem Freund die Freiheit zurück. Beide ragten durch ihre Freundschaft so sehr hervor, dass sogar das Herz des Tyrannen bewegt wurde. Er sagte zu den zwei Männern: „Ich habe erkannt, dass Treue nicht wertlos ist. Möge es mir gelingen, in euere Freundschaft aufgenommen zu werden!"

C   Folgendes überlegte ich oft bei mir: Welchen Erfolg hätte denn die römische Politik (Herrschaft) gehabt, wenn mit Alexander ein Krieg geführt worden wäre? Lasst uns (wollen wir) also jene römischen Anführer betrachten, mit denen Alexander hätte Krieg führen müssen: In jedem beliebigen der römischen Zeitgenossen werden wir dieselben Anlagen finden, die in Alexander waren. Um zu dem König selbst zu kommen: Ich leugne freilich nicht, dass Alexander ein herausragender Anführer war; aber es machte ihn doch ziemlich berühmt, dass er als junger Mann - der noch kein widriges Schicksal erfahren hatte (ohne noch...erfahren zu haben) - starb. Die, die seine Größe rühmen (erhellen), vernachlässigen, dass sie nur die Taten eines jungen Mannes aufzeigen. Unser Volk aber muss schon viele Jahrhunderte hindurch Kriege führen; in einem so langen Zeitraum ändert sich das Schicksal oft.

Daher muss man das Schicksal eines Menschen mit einem Menschen und das eines Anführers mit einem Anführer vergleichen. Wie viele römische Anführer könnte ich nennen, die niemals einen Misserfolg in einem Kampf (ein widriges Schicksal des Kampfes) hatten? Diese sind bewundernswerter als Alexander oder irgendein König, da manche (nur) wenige Tage die Diktatur, keiner mehr als ein Jahr das Konsulat innehatte. Unbesiegt hätte also Alexander mit unbesiegten Anführern Kriege geführt und mehr an Gefahr auf sich genommen, weil die Makedonen (nur) einen Alexander gehabt hätten, den Römern aber viele Anführer zur Verfügung standen (waren), die Alexander an Ruhm oder Größe gleich waren.

Vielleicht wäre Alexander mehr dem Dareios als sich (selbst) ähnlich nach Italien gekommen. Was (wäre gewesen), wenn seine Liebe zum Wein und sein heftiger Zorn von Tag zu Tag zugenommen hätten? Meinen wir nicht, dass dies den Feldherrn den Untergang gebracht hätte?

1. Livius relativiert das Bild von Alexander: Er ist zwar egregius dux (Z.6), hatte aber den „Vorteil" jung zu sterben (Z.7f.). Kritisiert werden die Annahme persischer Sitten (Dareo similis, Z.19), der vini amor und die acris ira (Z.20).

2. adversa fortuna im Sinne von (militärischem) Misserfolg und Niederlagen (Z.7 und 13); fortuna allein im Sinne von Lebensschicksal (Z.12).

3. *Relativpronomina:* quae (Z.5), qui (Z.9), quibus (Z.13), qui (Z.13)
Interrogativpronomina: quinam (Z.1), quid (Z.19)
Indefinitpronomina: quolibet (Z.4), quisquam (Z.14), quidam (Z.14)

4. Subjekt: quod...decessit (Z.7f.); Objekt: quod...habuissent (Z.17)

D   1.Wenn ihr nach Elounda, einer reizenden Stadt an der Küste Kretas (gelegen), kommt, tut ihr gut daran, die Insel Spinalonga zu besuchen. 2. Es gab früher eine Zeit, in der der Staat befahl, dass alle Menschen, die die gefährliche Krankheit hatten, ausgesucht werden, um - gleichsam als zum Tode Verurteilte - an diesen Ort geschickt zu werden. 3. Es ist verwunderlich (sonderbar), dass die Verbannten, obwohl sie wussten, dass ihnen der Untergang bevorsteht, dennoch mit Gelassenheit ein gewissermaßen alltägliches Leben zu führen versuchten (Das Imperfekt drückt hier den Versuch aus.). Ja es kam sogar vor, dass Ehen geschlossen (verbunden) wurden. 4. Und niemals wurde den Kranken die Möglichkeit zugestanden, die Verwandten zu sehen, damit jene nicht mit der Seuche angesteckt wurden. Nur dies war für sie ein Trost: Immer wenn ein Schiff Speisen brachte, war es möglich, Briefe zu erhalten (dass ... erhalten wurden). 5. Heute ist jenes „Dorf der Toten" so verlassen, dass alle (die Herzen aller), die die Überreste der Gebäude (an)sehen, sehr bewegt werden.

17-20

A   a. Gewalt soll nicht angewandt werden (soll fehlen/fern sein)! Denn nichts ist schädlicher (verderblicher) für Staaten, nichts dem Recht und den Gesetzen so entgegengesetzt, nichts weniger den Bürgern dienlich (weniger bürgerlich) und unmenschlicher, als dass irgendetwas - wenn ein Staat gut geordnet und begründet ist - mit Gewalt betrieben wird.

b. 1. Wenn nicht alle Nationen Europas sehen, dass durch Eintracht kleine Dinge wachsen, werden sie wohl niemals untereinander einig sein. (Potentialis) 2. Wenn wir wollen, dass uns wieder ein goldenes Zeitalter geschaffen wird, müssen wir die alten Feindschaften beilegen. (Realis) 3. Wenn wir aber die Bräuche anderer Staaten tadelten, wäre zweifellos Streit unter den Völkern. (Irrealis der Gegenwart) 4. Viele Jahre hätten wir in Eintracht gelebt, wenn nicht einige Menschen, von Hoffnung auf Macht verleitet (veranlasst), die Bürgerschaften aufgewiegelt hätten. (Irrealis der Vergangenheit)

c. Gemeint ist hier der Regenschirm.

d. Wenn einer einem freien Bürger (Freien) mit der Hand oder mit dem Stock einen Knochen gebrochen hat, soll er als Strafe 300 As zahlen (als Strafe 300 As auf sich nehmen), wenn er einem Sklaven einen Knochen gebrochen hat, soll er 150 As zahlen.

e. Philipp von Makedonien (sagte) zu den Spartanern: „Wenn mein Heer nach der Eroberung von ganz Griechenland Sparta zerstört hat, werdet ihr mich fürchten." - „Wenn", sollen die Spartaner geantwortet haben.

Als ein junger Spartaner Schmerz darüber empfand, dass so viele Soldaten im Kampf gefallen waren, sagte sein Vater: „Die Sache verhält sich gut, denn tote Soldaten brauchen nichts."

Ein alter Mann aus Athen fand im vollen Theater keinen Platz (Ein alter Mann ..., der ... einen Platz suchte, fand keinen). Unverzüglich standen spartanische Gesandte, die zufällig anwesend waren, auf und baten den alten Mann, sich einen geeigneten Platz auszusuchen. Die Athener lobten die Spartaner wegen ihres guten Benehmens (ihrer guten Sitten) mit lauter Stimme. Hierauf die Spartaner: „Obwohl die Athener wissen, was sich schickt, tun sie es nicht."

f. Bei allen Formen ist der Vokal o als erster Buchstabe zu ergänzen:
opta: Imp. I Sg. zu optare; onera: Imp. I Sg. zu onerare bzw. Nom./Akk. Pl. zu onus, -eris; opes: Nom./Akk. Pl. zu opes, -um; opem: Akk. Sg. zu ops, opis; ora: Imp. I. Sg. zu orare bzw. Nom./Abl. Sg. zu ora, -ae bzw. Nom./Akk. Pl. zu os,oris; operas: Akk. Pl. zu opera, -ae; operi: Dat. Sg. zu opus, -eris; opum: Gen. Sg. zu opes, -um; opera: Nom/Abl. Sg. zu opera, -ae bzw. Nom./Akk. Pl. zu opus, -eris; ovi: Dat. Sg. zu ovis

g. 1. Thaïs hat schwarze, Laecania schneeweiße Zähne.
Was ist der Grund dafür? Die hat gekaufte (Zähne), jene ihre eigenen.
2. „Quintus liebt Thaïs." „Welche Thaïs?" „Die einäugige Thaïs."
„Der Thaïs fehlt ein Auge (Thaïs hat ein Auge nicht), jenem zwei."
Martial setzt in beiden Gedichten das Stilmittel des Chiasmus ein (1: Thaïs nigros / niveos Laecania, emptos haec / illa suos, 2: unum Thaïs / ille duos).
Im ersten Gedicht ahmt Martial mit Hilfe der Sprache den optisch auffallenden Kontrast der Zähne beider Frauen und die unterschiedlichen Ursachen dieses Zustandes nach (dunkel/hell, echt/gekauft).
Im zweiten Gedicht hebt der Chiasmus die unterschiedlichen „Sehschwächen" beider Personen besonders hervor: Während der Frau tatsächlich ein Auge fehlt, wird der junge Mann auf Grund seines schlechten Geschmacks als jemand bezeichnet, dem zwei Augen fehlen (nach dem Motto: Der muss ja blind sein, wenn er die liebt!).

B   Wenn du und Tullia, unser Glück (Licht), gesund seid, geht es auch mir gut. Am 15. Oktober sind wir nach Athen gekommen, obwohl wir ungünstigen Wind hatten. Als ich aus dem Schiff herauskam, erwartete mich Acastus mit der Post (mit Briefen).
Ich habe deinen Brief erhalten, aus dem ich ersehe (verstanden habe), dass du befürchtest, dass die früheren Briefe mich nicht erreicht haben (mir nicht gegeben worden sind). Ich habe alle bekommen und alles ist von dir äußerst gewissenhaft (auf)geschrieben worden. Ich habe mich auch nicht gewundert, dass dieser Brief, den Acastus gebracht hat, kurz war; denn du erwartest schon mich selbst, der ich möglichst schnell zu euch kommen möchte, auch wenn ich sehe (verstehe), in welchen Staat ich komme. Denn aus den

Briefen vieler Freunde weiß ich, dass es nach Krieg aussieht. Deswegen wird es mir, wenn ich zurück bin (gekommen bin), nicht erlaubt sein zu verheimlichen, was ich meine. Aber weil man ja das Schicksal auf sich nehmen muss, werde ich mich bemühen zurückzukehren. Je schneller ich komme, desto leichter können wir über die ganze Sache nachdenken. Komm mir doch so weit wie möglich entgegen (Mögest du ... entgegenkommen)! Mit der Hilfe der Götter (Wenn ... helfen) hoffe ich, etwa am 13. November in Italien zu sein. Wenn du mich liebst, meine süße(ste) Terentia, sorge dafür, dass es euch gut geht. Lebe wohl!

C   Ein gewisser Bischof war begierig nach nichtigen (wertlosen) Dingen und Vergnügungen. Sobald aber der in höchstem Maße (äußerst) kluge Karl dies erfahren hatte, trug er einem gewissen Kaufmann auf (befahl er...), jenen Bischof zu täuschen.
Der Kaufmann bemühte sich dann sehr, eine zufällig gefangene einheimische Maus mit verschiedenen Duftstoffen zu besprengen und dem Bischof anzubieten, indem er sagte, er habe jenes äußerst wertvolle Lebewesen, das man vorher nicht gesehen hätte, aus Judäa herbeigebracht. Weil sich der Bischof über diese Sache besonders freute, bemühte er sich, jenes äußerst teure Lebewesen zu kaufen; und er versprach dem Kaufmann 10 Pfund Silber. Aber jener schlaue Mensch sagte, wie wenn er empört wäre (gleichsam empört): „Es wird dir niemals gelingen, für einen so billigen und höchst schäbigen Preis jene Sache zu erhalten!" Und es hätte nicht viel gefehlt, dass er wegging.
Da der Bischof aber fürchtete, dass er jene äußerst teure Sache nicht erhalten könne, stellte er einen vollen Scheffel Silber in Aussicht. Endlich weigerte sich jener nicht mehr, die Maus zu verkaufen.
Nachdem aber bald alle Bischöfe zusammengerufen waren, ließ König Karl jenes ganze Silber herbeibringen; dann erklärte er: „Wir müssen hauptsächlich darauf achten (zusehen), dass wir nicht begierig nach nichtigen Dingen sind. Denn wir brauchen (nur) Weniges. Einem von euch mache ich aber zum Vorwurf, dass er so viel Silber für eine einheimische Maus einem gewissen Kaufmann gab."
1. *Abhängige Begehrsätze:* ut...deciperet (Z.2f.); ut...emeret (Z.12f.); ut...spargeret (Z.5ff.); ne...non posset (Z.21); ne...simus (Z.24f.); *Abhängige Aussagesätze:* ut...accipias (Z.17ff.); quin abiret (Z.20); quod...dedit (Z.26); *Gliedsatz als Subjekt:* ut...accipias (Z.17ff.), quin abiret (Z.20); *als Objekt:* ut...deciperet (Z.2f.), ut...emeret (Z.12f.), ne...non posset (Z.21); *als Adverbiale:* ubi...comperit (Z.2), quia...gaudebat (Z.11f.)
2. Gleichzeitigkeit zu Haupttempus: ut...accipias (Z.17ff.), ne...simus (Z.24f.). Gleichzeitigkeit zu Nebentempus: ut...deciperet (Z.2f.), ut...spargeret (Z.5ff.), ut...emeret (Z.12f.), quin abiret (Z.20), ne...posset (Z.21), quin...venderet (Z.22).
3. *Carolus:* sapientissimus (Z.2), magnam operam dedit (Z.4), callidus homo, velut indignatus (Z.15f.); *mercator:* cuidam (Z.2), magnam operam dedit (Z.4), callidus homo, velut indignatus (Z.15f.); *episcopus:* inanium rerum...cupidus (Z.1).
Eine derartige „öffentliche" Bloßstellung erscheint aus heutiger Sicht seltsam; v.a. die „Einmischung" eines weltlichen Herrschers in kirchliche Belange, ja gar eine Maßregelung eines Bischofs durch einen „Politiker" ist nicht vorstellbar und nur durch die spezifische Verbindung von Kirche und Staat im Mittelalter erklärbar.
4. Vier Bilder: Karl erfährt Vorlieben des Bischofs, Karl beauftragt den mercator, der mercator und der Bischof feilschen, Versammlung der Bischöfe.
Schwer zeichnerisch auszudrücken ist die Charakterisierung der Personen, v.a. des Bischofs, aber auch der Inhalt der jeweiligen Reden (ggf. Sprechblasen?!).
5. Cum omnes episcopos convocavisset (Carolus...iussit).
6. 1. Weil er begierig nach unwichtigen (nichtigen) Dingen war, wollte der Bischof auch die Maus haben. [quod...: kausales Adverbiale] 2. Er kaufte dieses Lebewesen, das ein gewisser Kaufmann herbeigebracht hatte, für viel Geld (teuer). [quod...: Attribut] 3. Als er dies erfahren hatte, deckte Karl die Sache auf. 4. Dazu kam, dass Karl jenen vor allen verspottete. [quod...: Subjekt]

D I. 1. „Dieser Cato hat gesprochen, als ob es Aufgabe der Frauen wäre, zu Hause zu sitzen (sich zu Hause aufzuhalten) und nicht in der Öffentlichkeit zu erscheinen. Von Natur aus aber werden wir dazu veranlasst, mit Gold(schmuck) zu glänzen, durch unsere Kleidung aufzufallen und durch die Stadt zu fahren (durch unsere Kleidung auffallend durch die Stadt zu fahren)." 2. „Fürchtet der Konsul etwa, dass wir uns, wenn wir mit Purpur bekleidet sind, allzu sehr nach Freiheit sehnen?" 3. „Schon längst hätte es sich gehört, dass unser Elend erleichtert wird. Aber da unsere Ehemänner danach streben, dass sich der (unser) Aufruhr durch ihr Zögern beruhigt (dass ... beruhigt wird), weigern sie sich nachdrücklich, uns zu Hilfe zu kommen." 4. „Ich ermutige euch, nicht zu schweigen und nicht zuzulassen (zuzugestehen), dass wir auf alle Vergnügungen verzichten müssen (dass wir ... entbehren). Je größer die Schar derer sein wird, die gegen ihre Männer einschreiten, desto eher werden wir bewirken, dass wir von den Fesseln befreit werden."

II. 1. femina = Frau, coniunx = Gattin (bzw. mulier = Ehefrau)
2. cum („da, weil") petant bzw. quia/quod petunt
3. a. ruerat   b. intercessisse   c. fulserint
4. a. pecunia   b. multa
5. a. eilen   b. sich bemühen   c. behaupten

21-24

A   a.   im AcI: Hauptsatzprädikate der Sätze 2, 4, 5, 6, 9
im Konjunktiv: Hauptsatzprädikate der Sätze 1, 3, 7, 8
   b.   Fehler in der deutschen Übersetzung finden sich in den Sätzen 2 (verschmähe ..., fange ... nicht an), 3
(stünden), 4 (habe ... besiegt), 6 (verstehe).
   c.   Formen des Konjunktiv Imperfekt: hätten, sollten, würden, wollten - Er kommt immer dann zum Einsatz, wenn die Formen des Konjunktiv Präsens identisch mit denen des Indikativs sind.
   d.   ... impia esse: ... seien ruchlos (Konjunktiv Präsens), ... in dicionem suam redegisse: ... habe ... in seine
Gewalt gebracht (Konjunktiv Präsens), ... vastavisse: hätten ... verwüstet (Konjunktiv Imperfekt), ... bellum
non illaturum esse: ... werde keinen Krieg anfangen (Konjunktiv Präsens), ... liberas futuras esse: ... würden ... frei sein (Konjunktiv Imperfekt)
   e.   Ein Dichter erzählte einmal eine (folgende) Geschichte: Ein alter Mann habe eine schwere Last nach
Hause getragen. Bald sei er an seinen Kräften verzweifelt und habe sich den Tod gewünscht: Der Tod solle
herbeikommen (sich nähern), damit er endlich frei von so großen Mühen sei! Plötzlich sei der Tod erschienen und der erschrockene alte Mann habe (zu) ihm gesagt: Er solle ihm helfen, denn die Last sei ihm,
einem alten Mann, zu schwer! Er werde ihm sehr dankbar sein, wenn er ihm helfe, die Last zu tragen.

B   Über den Künstler Dädalus haben wir Folgendes erfahren (erfahren wir...):
Er (dieser) habe durch einen blutigen Mord die Götter gereizt. Denn der Sohn seiner Schwester sei von ihm
aus Neid (von Neid veranlasst) getötet worden. Dann sei der in Athen angeklagte Dädalus nach Kreta
geflohen. Während er dort dem Minos berühmte Bauwerke errichtete, sei allmählich die Sehnsucht in die
Heimat zurückzukehren gewachsen. Aber immer wieder habe ihn der König daran gehindert, die Insel zu
verlassen und zurück in die Heimat zu kommen.
Daher habe Dädalus, nachdem er vergeblich nach vielen Dingen geforscht habe, versucht, ob er von Flügeln (in die Lüfte) erhoben entkommen könne. Er habe seinen Sohn Ikarus ermahnt, dass auch dieser mit
Flügeln (Flügel gebrauchend) durch die Lüfte fliehen und ihm folgen solle. Er solle nicht leichtsinnig sein
und nicht der Sonne entgegen fliegen!
Der Sohn aber sei plötzlich ins Meer gefallen, weil er (kausale Sinnrichtung) die Aufträge seines Vaters
nicht genügend bedachte.

C   Wenn das römische Volk mit den Helvetiern Frieden schließe, würden die Helvetier in das Gebiet (die
Gegend) gehen und dort sein, wo Caesar sie ansiedle. Wenn er aber weiterhin Krieg führe (fortfahre Krieg
zu führen), solle er sich sowohl an die damalige (alte) Niederlage des römischen Volkes als auch an die
Tapferkeit der Helvetier erinnern. Wenn (Dass) er einen Teil der Helvetier angegriffen habe, als die anderen
den Ihren nicht zu Hilfe kommen konnten, solle er dies nicht seiner eigenen Tüchtigkeit zurechnen (zuteilen). Sie hätten es so von ihren Vätern und Vorfahren gelernt, dass sie sich mehr auf ihre Tüchtigkeit als auf
List und Hinterhalt verließen (stützten). Deshalb solle er es nicht soweit kommen lassen, dass dieser Ort, wo
sie (jetzt) stünden (stehen geblieben seien), seinen Namen vom Unglück des römischen Volkes erhalte.
Caesar antwortete folgendermaßen (so): Wenn er die alte Schmach vergessen wolle, solle er etwa auch die
Erinnerung an das kürzlich begangene (neue) Unrecht aus dem Gedächtnis streichen (vergessen) können,
(nämlich) dass die Helvetier gegen seinen Willen gewaltsam einen Marsch durch die Provinz versucht
hätten? Obwohl dies so sei, werde er dennoch mit ihnen Frieden schließen, wenn ihm von ihnen Geiseln
gestellt würden, damit er sehe (verstehe), dass sie ihre Versprechen halten würden (dass sie tun würden),
was sie versprochen hätten.
1. Zur Übersetzung dieses Satzes vgl. den Textteil der Lösung mit wörtlicher Version in Klammern.
2. *Aussagesätze:* in eam regionem ... Helvetios (Z. 1f), se ... didicisse (Z. 5), tamen ... facturum (Z. 12f.) -
Das Prädikat erscheint im AcI.
Begehrsätze: reminisceretur ... Helvetiorum (Z. 3), ne ... tribueret (Z. 5), quare ... committeret (Z. 6) - Das
Prädikat erscheint im Konjunktiv.
Fragesätze: num ... posse (Z. 8f) - Das Prädikat erscheint im AcI (rhetorische Frage!).
3. „Cum" kann Subjunktion (Z. 4, 11) oder Präposition (Z. 1) sein.
„Quod" kann Subjunktion (Z. 4, 9) oder Relativpronomen sein.

4. im Gedächtnis behalten - sich ins Gedächtnis zurückrufen - sich merken - aus dem Kopf erzählen - der Nachwelt überliefern - im Gedächtnis bewahren

5. Das Friedensangebot der Helvetier enthält mehr oder weniger versteckte Drohungen: reminisceretur ... veteris cladis populi Romani et virtutis Helvetiorum (Z. 3), ne committeret, ut ... locus ... ex calamitate populi Romani nomen caperet (Z. 4f). In den Augen der (römischen) Leser soll die Ehrlichkeit des Friedenswillens angezweifelt bzw. die kriegerische Absicht der Gegner angedeutet werden, um so einen späteren militärischen Schlag von Seiten der Römer zu rechtfertigen.

D 1. Als die Nachricht von dem Gemetzel überbracht worden war, berieten die Griechen, ob sie sich den Persern ausliefern sollten oder den Durchzug durch das Gebiet der Feinde vorbereiten sollten, um zurück in die Heimat zu kommen. 2. Aus Furcht, dass sie von diesem Unglück nicht befreit würden, beschworen die einen die Götter, dass sie nicht in die Hände der Feinde fielen, die anderen wollten sofort ein Gefecht beginnen, wenn sie nur nicht durch Hunger umkämen. 3. Als sie in dieser gefährlichen Lage nicht wussten, was zu tun sei (man tun müsse), traf es sich gut, dass Xenophon die erschreckten Soldaten folgendermaßen (so) ermahnte: Warum fürchteten sie die Feinde so sehr? Sie sollten sich an ihre Väter erinnern, die diese Barbaren tapfer aus Griechenland vertrieben hätten! Wenn sie aber seinen Worten gehorchten und ihm folgten, könnten sie vor dem verhängnisvollen Untergang gerettet werden. Wenn sie aber zögerten, bestehe die Gefahr, dass sie umkämen (untergingen).

25-28

A a. Diokletian, der ein Erfinder von Verbrechen und ein Anstifter von Übeln war, konnte nicht einmal von Gott seine Hände fernhalten. Dieser (Diokletian) zerstörte den Erdkreis durch Habgier und Ängstlichkeit zugleich.
b. 1. Als (nachdem) die Sklavin vor Gericht gerufen worden war, wurde sie vom Prätor über viele Dinge befragt. 2. Weil der Kaiser ein neues Amphitheater erbaute, wurde er von den Bürgern gelobt. 3. Obwohl die Gäste zum Essen gerufen worden waren (man...gerufen hatte), kamen sie nicht. 4. Wenn jener Mann zum Konsul gewählt ist, wird er die Freiheit des Staates verteidigen. 5. Einige Beamte werden in die Provinz geschickt, um den Prätor zu unterstützen.
c. 1. (modal) Tarquinius erschreckte die Bürger, indem er grausam herrschte / durch seine grausame Herrschaft. 2. (kausal) Die Römer vertrieben Tarquinius, weil er grausam herrschte / wegen seiner grausamen Herrschaft. 3. (temporal) Nachdem Tarquinius von der Herrschaft vertrieben (worden) war, verließ er Rom./ Tarquinius wurde von der Herrschaft vertrieben und verließ dann Rom. 4. (final) Um die Freiheit zu sichern (beanspruchen) / weil sie die Freiheit sichern wollten, wählten die Römer zwei Konsuln. 5. Sie überlegten: (kondizional) Wenn jene für alle Bürger sorgen, werden sie die Freiheit bewahren. / Im Falle der Fürsorge für alle Bürger werden jene die Freiheit bewahren. 6. (konzessiv) Obwohl sich die Römer beständig um den Staat sorgten, verloren sie später die Freiheit ein weiteres Mal. / Die Römer sorgten sich beständig um den Staat; dennoch (trotzdem) verloren sie später die Freiheit ein weiteres Mal.

B Eines Tages im Winter (Zu einer gewissen Zeit im Winter) begegnete Martin, als er nur seine Waffen und einen einfachen Soldatenmantel (Soldatenkleid) trug, ein armer Mann ohne Oberkleid. Als dieser die Vorübergehenden bat, sich seiner zu erbarmen und alle an dem unglücklichen Mann vorbeigingen, erkannte (verstand) Martin, der von Gott erfüllt war, dass jener für ihn bestimmt sei (aufbewahrt werde). Was aber sollte er tun? Er hatte nur seinen Kriegsmantel. Daher ergriff er (Abl. Abs. als Hauptsatzhandlung übersetzt) sein Schwert (Eisen), teilte den Mantel und gab dem Armen einen Teil, den übrigen Teil zog er wieder an. Als er eingeschlafen war (sich dem Schlaf hingegeben hatte), sah er (im Traum), dass Christus mit dem Teil seines Kriegsmantels bekleidet war, mit dem er den Armen bedeckt hatte und hört(e) ihn mit deutlicher (klarer) Stimme sagen: „Martin hat mich mit diesem Mantel bedeckt." Auf diese Weise hat der Herr bekannt, dass er von Martin bekleidet wurde. Und um das Zeugnis eines so guten Werkes zu bestärken, hat sich der Herr in derselben Kleidung gezeigt, welche der Arme erhalten hatte. Als Martin durch diese Erscheinung die Vorsehung Gottes erkannte, ließ er sich im Alter von 18 Jahren (als er 18 Jahre alt war) taufen.

C Als sowohl ich, Konstantin Augustus, als auch ich, Licinius Augustus, in Mailand zusammengekommen waren, haben wir alles besprochen, was sich auf die Sicherheit des Staates bezieht. Wir glaubten, dass vor allem das gesetzlich geregelt werden müsse, dass wir sowohl den Christen als auch allen anderen die Freiheit (freie Möglichkeit) geben, der Religion zu folgen, die jeder für sich für die beste hält (von der jeder meint, dass sie für ihn die passenste ist). Und wir werden niemanden vom christlichen Glauben abwenden. Deshalb ist es für uns alle wichtig, das außer Kraft zu setzen (zu entfernen), was in den früheren Schriften (im früher Geschriebenen) über die Christen enthalten war und was unpassend und mit unserer Milde unvereinbar (unserer Milde fremd) zu sein schien. Nun möge jeder Einzelne von denen, die die Absicht

haben, nach der christlichen Religion zu leben (die christliche Religion zu achten), dies frei und offen tun (diese ... achten).
1. Cum ... convenissemus: Nebensatz (Gliedsatz als Temporalsatz)
universa ... tractavimus: Hauptsatz
quae ... pertinerent: Nebensatz (Attributsatz als Relativsatz)
2. Der AcI hat die Funktion eines Akkusativ-Objekts (zu credidimus), der Infinitiv hat die Funktion eines Subjekts (zu interest).
3. arbitrari, censere, credere, existimare, opinari, putare, reri, sentire
4. Der Ausdruck nimmt Bezug auf frühere christenfeindliche Bestimmungen (des bereits geschlagenen Kaisers des Ostens, Maximinus Daia).
5. In der Auseinandersetzung Roms mit den Christen kommt Konstantin insofern besondere Bedeutung zu, als er sich durch die Anerkennung des Christentums als erster um die Integration dieser Bevölkerungsgruppe bemühte.

D I. 1. Asterix und Obelix, die in einem gewissen Dorf Galliens lebten, widersetzten sich Cäsar, der ganz Gallien besetzen wollte, durch tapferen Kampf (tapferes Kämpfen). 2. Wenn nämlich Gefahren drohten, bereitete der Druide Mirakulix - es ist unglaublich zu hören - den Bewohnern einen Zaubertrank, um die Kräfte zu steigern (vermehren). 3. Deswegen ergriffen die Römer - in der Meinung, dass sie schnell handeln müssten - jenen, als er einmal in den Wald hinausgegangen war, um Kräuter zu pflücken. 4. Als er ins Lager Cäsars weggeführt und zur Zubereitung des Zaubertranks (den Zaubertrank zuzubereiten) gezwungen worden war, gehorchte Mirakulix; durch Abänderung des Trankes bewirkte er aber, dass die Haare der Römer in schrecklicher Weise wuchsen. 5. Als man ihm die Möglichkeit in sein Dorf zurückzukehren gegeben hatte, tat der Druide schließlich den Römern das Gegenmittel kund (zeigte...auf).
II. 1. a. auditu (Satz 2)   b. periculis impendentibus (Satz 2)   c. agendum esse (Satz 3)   d. rati (Satz 3)
2. Adverbiale: cum...exisset (Satz 3); Objekt: ut...crescerent (Satz 4)
3. Diligentia nobis adhibenda est.
4. purgavisti
5. moment: momentum - Beweggrund, Bedeutung, Augenblick; machine: machinari - ersinnen, bewerkstelligen; religious: religiosus - gewissenhaft, fromm, religiös
6. a. es ist wichtig b. teilnehmen, dabeisein

29-32

A a. idem (Z.2): Nom.Sg.m.; eodem (Z.5): Abl.Sg.n.; eadem (Z.12): Abl.Sg.f.
hi (Z.5 und 9): Nom.Pl.m.; huius (Z.10): Gen.Sg.m.; hoc (Z.13): Abl.Sg.n.; haec (Z.16): Akk.Pl.n.
b. Z.5-8: Imperfekt als Hintergrund zur Haupthandlung; Z.9-12: historisches Präsens; putabat (Z.14): Hintergrundinformation; Z.15-17: historisches Präsens
c. 1. Sokrates weigerte sich nicht, Gift zu nehmen. 2. Ich muss (kann mich nicht zurückhalten), dich (zu) tadeln. 3. Es kann nicht geschehen (wir bringen es nicht fertig), dass wir nicht zu Hilfe kommen (wir müssen zu Hilfe kommen). 4. Ich zweifle nicht daran, dass du die Wahrheit sagst.
d. Analyse:

His deinde compertis	(Adverbiale)
Maximianus ... revertitur atque imperat	(Subjekt und Prädikate)
ut...morti detur	(Objekt zu imperat)

e. Es ist der Mühe wert auch jenes zu berichten, welches Ende dann den furchtbaren Tyrannen Maximian ereilte (erreichte): Als er von der Herrschaft abzutreten (zu weichen) gezwungen worden war, trachtete er auch seinem Schwiegersohn Konstantin, der dann die Herrschaft innehatte, nach dem Leben (setzte...den Tod in Bewegung). Als aber die Nachstellungen aufgedeckt waren, wurde er ergriffen und beendete sein gottloses Leben mit dem entsprechenden („würdigen") Tod.
f. 1. ausus est 2. revertit 3. gavisus est 4. soliti erant 5. confisi sunt, solitus est 6. gaudebant

B Daraus (von hier aus) ist zu erkennen, welch große Schuld jeder beliebige Christ auf sich lädt (sich verschafft), der nicht eifrigst den Armen dient. Karl verlor Aigolandus und dessen Stamm deshalb, weil er die Armen schlecht behandelte. Was wird am Tag des Gerichts mit denen sein, die die Armen schlecht behandelt haben? Sie werden die schreckliche Stimme Gottes reden hören: „Geht weg von mir, Verfluchte, weil ich hungerte und ihr mir nichts zu essen gabt!"
Wie Aigolandus die Taufe deswegen zurückwies, weil er die richtigen Werke der Taufe an Karl nicht fand, so fürchte ich, dass der Herr am Tag des Gerichts an uns die Taufe deswegen zurückweist, weil er die Werke der Taufe nicht findet.

C Einst richtete König Belsazar für seine Freunde, wie er es gewohnt war, ein Gastmahl aus (bereitete ... ein Gastmahl). Plötzlich befahl er, vom Wein hitzig (geworden), dass die goldenen und silbernen Gefäße herbeigebracht werden, die - wie er wusste - sein Vater aus dem Tempel des höchsten Gottes, der in Jerusalem war, geraubt hatte. Sobald die Diener zurückgekehrt waren, erdreisteten sich (wagten) der König und seine Gäste aus den heiligen Gefäßen zu trinken. Außerdem lobten sie ihre eigenen Götter aus Gold, Silber, Kupfer, Eisen, Holz und Stein. (Noch) in derselben Stunde erschienen an der Wand des Königspalastes Finger, die gleichsam wie von einer Menschenhand etwas schrieben. Da die Menschen von Natur aus durch Dinge, von denen sie nicht wissen, wie sie geschehen, mehr bewegt werden, als wenn sie sie verstehen, war die Furcht aller so groß, dass sie nicht beruhigt werden konnte. Auch der König, der Angst hatte, dass eine Gefahr drohe, befahl, weise Männer herbeizubringen, die die Zeichen deuten sollten. „Wer auch immer diese Worte entziffert (liest)", sagte er, „wird Dritter in meinem Reich sein." Aber niemandem gelang es, die Zeichen zu lesen. Da erinnerte sich die Königin, dass es im Reich einen gewissen Daniel gibt, der - wie sie gehört hatte - sehr erfahren im Deuten von Träumen war. Dieser sagte zum König Folgendes: „Obwohl du wusstest, dass der eine höchste Gott die Macht in den Reichen der Menschen hat, hast du dennoch, indem du Götzenbilder verehrtest, ihn verschmäht. Deshalb ist es nicht möglich, dass du künftig dein Reich behältst." In der Tat wurde der König in derselben Nacht getötet.

1. solitus erat: Plusquamperfekt (solet, soleat, solebat, soleret, solebit, solitus est, solitus sit, solitus esset, solitus erit) - ausi sunt: Perfekt (audent, audeant, audebant, auderent, audebunt, ausi sint, ausi erant, ausi essent, ausi erunt) - meminit: Perfekt (meminerit, meminerat, meminisset, meminerit)

2. Übersetzung mit „von dem" (von denen er wusste, dass sein Vater sie ... geraubt hatte), Übersetzung mit Parenthese (die - wie er wusste - sein Vater ... geraubt hatte), Übersetzung mit Präpositionalausdruck (die sein Vater seinem Wissen nach ... geraubt hatte), Übersetzung mit Adverb (hier nicht möglich)

3. Unter einem Idol versteht man heute in erster Linie eine Person, die - oft bei Jugendlichen - große Verehrung genießt und zum Wunschbild erklärt wird. Idol kann aber auch noch in alter Bedeutung für ein ausschließlich falsches Ideal oder Leitbild stehen. Hier ist die Verbindung zur Bedeutung der lateinischen Vokabel zu sehen: Als Götzenbilder werden (z.B. im vorliegenden Text) falsche Gottesbilder (hier: Statuen aus verschiedenen Materialien) bezeichnet.

Wenn jemand als liberal bezeichnet wird, zeigt er seinem Umfeld gegenüber eine Haltung, die dem Einzelnen wenige Einschränkungen auferlegt; er wird als sehr offen eingeschätzt. Freigebigkeit (liberalis) kann eine Möglichkeit sein, diese offene Haltung nach außen zu präsentieren.

4. Inhaltliche Gemeinsamkeiten finden sich insofern, als der alttestamentliche König sich in beiden Erzählungen mit goldenen Gerätschaften umgibt (d.h. konkret aus den heiligen Gefäßen trinkt), die aus dem Tempel des höchsten Gottes geraubt worden sind. Während allerdings im Heine-Text Belsazars Verachtung dem Gott gegenüber ganz offen zum Ausdruck gebracht und bewertet wird („dir künd ich auf ewig Hohn", „mit frevler Hand"), deutet der Bibeltext die Dreistigkeit des Königs (und seiner Gäste) zunächst nur an („e vasibus sacris bibere ausi sunt"). In der deutschen Ballade rivalisiert Belsazar selbst mit der Stellung des Gottes („Ich bin der König"), im Alten Testament besteht seine Schuld v.a. in der Verehrung anderer Götter. In beiden Fällen handelt es sich um eine Missachtung bzw. Schmähung dem einen Gott gegenüber.

5. Unter einem Menetekel verstehen wir heute z.B. ein Unheil androhendes Zeichen.

D 1. Als einst ein Aufstand unter den Phrygiern ausgebrochen war, befahl ein Orakel den führenden Leuten, dass sie den an die Spitze der Bürgerschaft stellen sollten, der auf einem Wagen fahrend den Jupitertempel aufsuchte. 2. Damals aber kehrte Gordius, dem ein Vorzeichen erschienen war, zum Befragen der Priester in die Stadt zurück. 3. Als die Phrygier diesen, wie er auf seinem Wagen fuhr, erblickt und sogleich zum König gemacht hatten, weihte jener den im Tempel aufgestellten Wagen dem Jupiter. 4. Viel später stellten Orakelsprüche in Aussicht, dass der, der den am Joch des Wagens gemachten Knoten löse, in ganz Asien herrschen werde. 5. Alexander der Große, der dieses Orakel kannte, eilte nach der Eroberung der Stadt der Phrygier in den Tempel und untersuchte den Knoten, in Vergleich zu dem er nie vorher einen größeren gesehen hatte. 6. Als er aber die innerhalb des Knotens verborgenen Enden der Riemen nicht finden konnte, benutzte er sein Schwert und löste so den Knoten gewaltsam: „Es besteht keinerlei Unterschied (es ist keineswegs wichtig)", sagte er, „wie Knoten gelöst werden."